人生で一度はやってみたい
アメリカ横断の旅

バイリンガールちかの旅ログ

吉田ちか
Chika Yoshida

To travel is to live!

JN218465

**Hey guys!
It's Chika!**

みなさん、こんにちは。バイリンガールのちかです！
初めましてのみなさん、この本をお手に取っていただきありがとうございます！
YouTubeの『バイリンガール英会話』というチャンネルを通して、7年前から楽しく英語に触れられる動画を配信しています。

いつも見てくださっているちか友のみなさん、Thank you so much for all of your love and support!!

YouTubeを始めた7年前は、YouTuberという言葉もなく、会社員をしながら出勤前に簡単な英会話レッスンの動画を友達に向けて投稿していました。まさか、その3年後に会社を辞めて動画配信一本で活動するなんて！動画配信に専念してから4年経ちますが、思わぬチャンスや機会、素敵な出会いのおかげでチャンネルも少しずつ成長し、今は、レッスン動画だけではなく、旅動画もメインコンテンツの一つとなっています。数年前までは、海外からの動画といえば、実家のシアトルに戻った時にアップするぐらいでしたが、リアルな英会話、そして文化の違いにも触れられる「ちか旅」は、私が部屋から届けるレッスン以上に興味深いものがあるのではないかと感じ始めました。

この気づきをもとに、この4年間は、アメリカだけではなく、トルコ、オーストラリア、フランス、オーストリア、イギリスなど、様々な国から「ちか旅」をお送りしてきました。まだまだ行ってみたい国は沢山ありますが、2年前にアメリカ好きの夫（通称 おさるさん）と結婚し、いつかアメリカを横断してみたいな〜という彼の夢に刺激され、私自身もアメリカ横断に興味を持ち始めました。私は16年間アメリカのワシントン州に住んでいましたが、旅行といえば海外ばかりで、アメリカに関してはニョーヨークやロサンゼルスなどの、ありきたりなところしか行ったこと

おさるさん

結婚の報告動画でハロウィン用に買った猿のマスクを被ったことで「おさるさん」と呼ばれように。本人は結構気に入ってるみたいですw。出たがりだけど、恥ずかしがり屋！旅の際は撮影に協力してくれています！今回は長時間の運転も！

がなかったんです。でも、星条旗カラーの帽子を被っているぐらいですから、"アメリカのことならなんでも知ってる"ぐらいの勢いでみなさんから様々な情報を求められてしまいますw。一ヶ月かけて横断しても、ほんの一部しか見られない、とてつもなく広い国ですが、自分の知らないアメリカを旅して、その体験をみなさんとシェアしたい！と強く思い始め、去年の夏、おさるさんと二人で ニューヨークからロサンゼルスまで車で横断する"a trip of a lifetime"（またとない最高の旅）にチャレンジしてみることに！

この本では、私たちが立ち寄った様々なスポットをご紹介しながら、旅先で役立つ情報や、行く前に知っておきたかったことなどをぎゅっとまとめています。初めての場所に行く時のワクワクから、ちょっとしたトラブルが起きた時のドキドキまで、私は旅が大好きです。全ての体験が自分の一部となって残り、どんなに短い旅でも行く前とはちょっと違う自分になって戻ってきます。

To travel is to live.（旅することは生きること）

———— ハンス・クリスチャン・アンデルセン

まさにこの言葉の通り、私は旅をしている時が一番生き生きしています。

この本を通して、みなさんに少しでも旅のインスピレーションをお届けできたらと思い、おさるさんと一緒に一生懸命書かせていただきました。横断動画も66本投稿していますので、本と一緒に楽しんでもらえればと思います！

Are you guys ready?! Let's go!!!

吉田ちか　*Chika* ♡

C A

UNITED STAT

P.110
アンテロープキャニオン

P.102
モニュメントバレー

P.114
ホースシューベンド

P.96
サンタフェ

GOAL

P.142
ロサンゼルス

P.120
グランドキャニオン

P.126
セドナ

P.90
ホワイトサンズ

P.136
フェニックス

P.82
マーファ

MEXICO

目 次

N A D A

E S O F

A M E R I C A

START
P.8
ニューヨーク

P.18
ワシントンD.C.

P.36
ナッシュビル

P.26
アッシュビル

P.48
メンフィス

P.72
オースティン

P.66
ヒューストン

P.56
ニューオーリンズ

日本は
このくらいの
サイズ！

※本文中に登場する「♯000」
の記述は、『バイリンガール
英会話』内の動画の番号
で、内容が本書とリンクし
ております。そちらもあわ
せてお楽しみ下さい

旅のプランニング

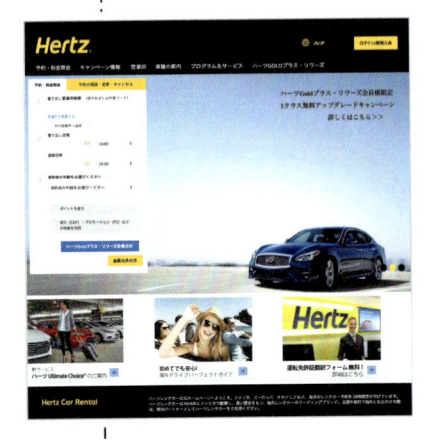

当初は、キャンピングカーで横断をしたいと考えていたのですが、いざ予約しようとしたら8月は夏のピークシーズンで空きが全くない！ でも、考えてみたら1ヶ月間もキャンピングカーだと絵的にもつまらないし、想像以上に高かったので、普通に車を借りることにしました。私たちはカメラなどの機材が色々とあるので、一般の旅行者よりは少し荷物が多いのと、旅の後半でシアトルの友達が合流することになっていたので、SUVを借りました。➡ アメリカ大陸を横断するということで、どんな事が待ち受けているのか分からないので、大手のHertzで借りました。世界中にあるので普段から利用しているのですが、「Hertz Goldプラス・リワーズ」という会員（入会費・年会費無料）になっておくと、事前に情報入力や保険関連をチョイスできるので、借りる時の手続きが簡単（英語をあまり話さなくてOK! 笑）で便利です。以前LAで借りた時は、Hertzの駐車場に着くと、電光掲示板に名前と番号が書いてあり、その番号に置かれている車（契約書は車内に置かれている）に乗って、駐車場の出口で本人確認をするだけでOKでした。

Google MapsのMy Maps機能を使えば複数の目的地をマップ上に設定できます。各都市の距離感・移動時間を把握するのにもすごく便利だったので、横断を計画する上では欠かせないツールでした！

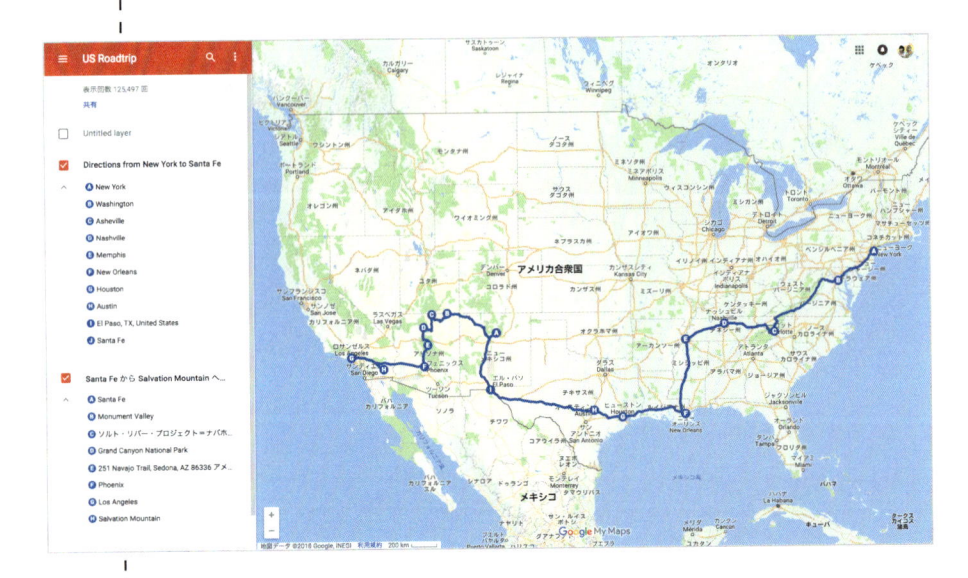

Ｗｉ-Ｆｉの手配

1、2週間の旅の場合、日本でモバイルwi-fiを借りて行くのですが、今回は長めの旅だったので現地で携帯を調達してみることに。(ちなみに、ソフトバンクのアメリカ放題を契約しているので、現地でも普通に使えるのですが、田舎などを通る横断では頼りないです)。➡$50ぐらいの安い携帯とデータVerizonというキャリアの$60で8GB使えるカードを購入しました。モバイルwi-fiルーターと迷ったのですが、通話機能があったほうが何かしらと便利かと思って、携帯電話のテザリングで利用しました。➡日本でモバイルwifiをレンタルする場合、1日250MBぐらいの容量で1日約1000円なので、現地で調達するほうが安く抑えることはできるのですが、プランがややこしくて店員さんとのやり取りが多いので、英語初心者の方にはオススメしません。ちなみにMonument ValleyやGrandCanyonなどは、ほぼ電波がないのですが、AT&Tというキャリアだけは多少の電波がありました。そして、現地で携帯やモバイルwi-fiを調達するのであれば、量販店ではなく、キャリアの店舗に行ったほうが話がスムーズだと思います！➡また、wi-fiが使える宿やカフェなどは沢山あるので、無料wi-fiを活用するのも良いかと思います。

宿の手配

宿は8割くらい出発前にブッキングサイトかAirbnbで手配しました。残りの2割は、横断の進み具合によって調整が必要かもしれないと思いフレキシブルにしておいたのですが、泊まるところが決まっていないのも不安だったので前々日ぐらいには予約をしていました。オースティンからマーファに行く途中の小さな街だけ、唯一飛び込みで探したのですが、モーテルも含めまさかの満室！その体験については、また後ほどお話しますが、宿はなるべく手配していたほうがいいですね。最近は、キャンセル料がかなりギリギリまで無料のところも多いので、その日程も確認しながら予約をすると横断中でも調整できます。➡20軒ぐらいの予約をしていたので、管理上できる限り同じブッキングサイトで予約をしました。私はよくbooking.comを使うのですが、ある程度統一しているとアプリで宿情報を時系列で確認できるので便利です。

LET'S GO !

DAY 1
ニューヨーク

New York

アメリカの
メルティングポットNYC！

ニューヨークは何度か観光で来たことがありますが、なぜかゆっくり滞在したことがないので毎回初めてのような新鮮な気分です。私は朝のニューヨークが特に好きです。街に出るとヨガマットとりんごを持った女性、ビシッとスーツを着たビジネスマンやキャリアウーマン、カメラを首からぶら下げた観光客、コーヒーとドーナツを持った警察官など、様々なライフスタイルや人種の方々が集まるこの街は、ピープルウォッチングだけでも半日過ごせてしまいます。

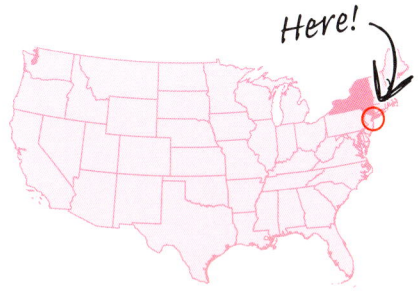

Here!

最近はUberやLyftが移動手段して主流になっていますが、JFKからはかならずイエローキャブに乗ります！綺麗でもないし、乗り心地も大してよくないけどNYに着いた感を味わいたくて！

FACT FILE	
State（州）	NewYork（ニューヨーク）
Capital（州都）	Albany（オールバニ）
City（都市）	NewYorkCity（ニューヨークシティ）
Population（人口）	約8,538,000人

0 km

▼

GOAL！

bilingirl_chika #NewYork #TwinTowers #911 #Neverforget #Prayforpeace

ニューヨーカーぶったホテル |#574

レンガの壁に惹かれて決めたこちらのホテル。マンハッタンの南側には初めて泊まりました。セントラルパークやタイムズスクエアの中心部からはちょっと遠いですが、朝のウォーキングで自由の女神が見られたり、ワールドトレードセンターや最近できたオキュラスビルが近くにあり、観光スポットは色々! Limited Service Hotel といって、安い分、ハウスキーピングが限定的。ベッドメイキングはしません。でも、キッチン周りは綺麗にしてくれたので、個人的には十分満足! ただ、シャワーが気分屋で、お湯は出るんだけど1分ごとに冷たくなります。勝手がわかってくるとどうにか大丈夫 w。

RIFF HOTEL DOWNTOWN

📍 102 Greenwich St ☎ 212-766-8888
HP http://www.riffdowntown.com/ 📷 @riffhotels

ニューヨークのヘアサロンで流行りのバレアージュ |#575

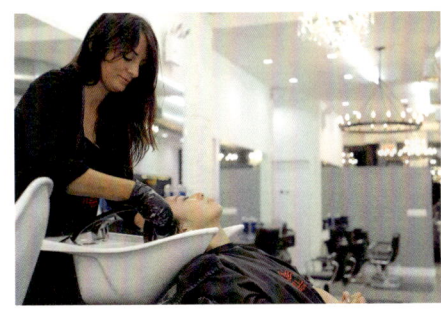

Like it?

Yelpというアメリカのアプリで見つけたヘアサロンで予約をしてみることに。レビューを見ながらいくつかに問い合わせてみたら、一番行きたいと思っていた「Fox and Jane Salon」はすでに予約でいっぱい…4〜6週間前に電話しないといけないとか! でも、第2候補の「Shampoo B」というEast Villageのサロンに空きがあったので即予約! 今アメリカで大流行している「バレアージュ」というスタイルに挑戦してみることにしました。根元を暗く、毛先をブロンドにするのですが、筆でブリーチを塗っていくので、ナチュラルなグラデーションに仕上がります☆。まるで太陽にキスされたような"Sun-kissed look"で、真夏の横断の旅にぴったり! 担当してくださったAmandaさんがものすごくフレンドリーで、動画では彼女との会話もたっぷり聞けます♪

Shampoo Avenue B

📍 14 Avenue B
☎ 212-777-2031
HP http://www.shampooavenueb.com/
📷 @shampooavenueb

 bilingirl_chika #NewYork #steakhouse #dinner #突然決まったfancyディナー #ワンピース持って行っててよかった #でも羽織るものと靴がなかったから急遽ZARAでゲットw #エントランス周りが工事中でもう少しズームアウトすると両側足場w #裏側事情

ニューヨークといえばやっぱり
高級なステーキハウス！

ニューヨークといえばやっぱり高級なステーキハウス！なかなか入るのにハードルが高いかもしれませんが、一度は雰囲気を味わってみたい！日本の霜降りももちろん美味しいですが、私はアメリカの肉々しいステーキが好みです☆。こちらは、アメリカで最も古い高級レストランといわれている「デルモニコス」。ダイニングテーブルにテーブルクロスを使ったのはこのお店が初だったらしい！コンサルティング会社に勤めていた時の上司が今ニューヨークに住んでいて、6年ぶりに会うことに☆。そして、この素敵なお店を紹介してくれました♪。「How would you like your steak cooked?」とステーキの焼き加減を訊かれます。私はいつもmedium rare♪。ミッドタウンの「Sparks Steakhouse」もオススメです☆。NYに住んでいた友達のローエンに以前連れていってもらいました。

Delmonicos Steak House

📍 56 Beaver St.
☎ 212-509-1144
HP www.delmonicosrestaurant.com
📷 @delmonicosnyc

Travel Tip #1

UBER EATS でホテルからも
簡単にデリバリーを注文！ #672

出前アプリを使って、ホテルから気軽にローカルなディナーを注文！UBER EATSは、配車アプリのUBERが立ち上げた出前サービスなのですが、旅の疲れや時差ボケでちょっとホテルでゆっくりしたいという時にオススメです。アプリを立ち上げると近くのレストランのリストが表示され、店舗を選ぶとメニューが出てきます。そこから注文したい品物をセレクトして確定するだけ！料金も配達の到着時間も事前に分かります。
アメリカはもともとピザ以外に出前を頼む習慣があまりなく、デリバリーよりピックアップが多い。

Uber Driverがピックアップの注文をお店に取りに行き、配達してくれるという仕組みです。注文後は、マップでUber Driverの位置情報も確認できるので、近くに来たら、ホテルの外に出て品物をもらいます。ニューヨークのような都会だと、自転車での配達が多く、ピザはカバーをつけてなかったので少し冷めてましたw。ピザのデリバリーをしているお店は沢山あるので、ピザの場合は店舗から直接頼んだ方がいいかも！配送料は、都市によって異なるみたいですがNYは$4.99でした。チップは、配達後アプリ内で金額を選択できますが、手渡しでも問題ないです。デリバリーの場合、10%〜15%のチップですが、20ドル以下の小額のオーダーに関しては、パーセンテージではなく2〜3ドル渡すことが多いです。雨が降っていたり、悪天候の中での配達の場合、チップを多めにします。

Let's see!

日本の生地を愛する
ニューヨークブランド！

日本の生地を愛するニューヨーカーが始めたブランド「スティーブン・アラン」。大人っぽさもありつつ、柔らかさもある生地やデザイン。日本の生地の取り寄せなどを担当されているちか友の方にお誘いいただき、Tribecaにあるおしゃれオフィスにお邪魔させていただきました。創業者のアランさんともお話しできて、本当に日本の技術を尊敬してくださっているんだな〜と感動。一見クールなNYブランドですが、裏のタグを見ると「made in Japan」と書いてあったり！東京と関西に店舗があるほか、セレクトショップや、オンラインショップで購入することができます。

STEVEN ALAN

📍 103 Franklin Street ☎ 212-343-0692
Ⓗ https://www.stevenalan.com/
⭕ @stevenalan

おさるさん大絶賛！
SHAKE SHACKのダボダボー！ |#621

NYの有名なハンバーガー屋さん。2004年にNYのマディソン・スクエア・パークにオープンしたホットドッグスタンドから生まれたとか。当初はチェーン展開の予定は全くなかったらしいのですが、今は地球の反対側の日本にまで上陸すぐるぐらいの人気ぶり！本場のシェイクシャックには、裏メニューも沢山あって、通になったら楽しそう！

食欲のある方は、お肉が4枚重なっているQuad Burger（ダボダボーw）がオススメです！ダイエット中の方は、バンなしのProtein-style Burgerでもどうでしょう??動画では、Daichi君とおさるさんが、このハードルの高い裏メニューの注文に挑戦しているので是非チェックしてくださいね☆

SHAKE SHACK

📍 Madison Ave & E 23rd St
☎ 212-889-6600 ⭕ @shakeshack
Ⓗ https://www.shakeshack.com/
location/madison-square-park/

KITAKATA RAMEN BAN NAI – Jersey City

📍 420 Grand Street, Jersey City
(Located inside 99 Ranch Market)
☎ 201-763-7119
Ⓗ http://ramenbannai.com ⭕ @kitakataramenbannai

ニューヨークで
喜多方ラーメン?! |#576

数年前からアメリカで起きているラーメンブーム！動画を見てくださっている「ちか友」の方から、主人が働くラーメン屋さんに行ってもらえないでしょうか？というリクエストを受け、サプライズでNYの喜多方ラーメンに行ってきました！残念ながら、その日は旦那さんはお休みでお会いできなかったのですが（涙）、日本のクオリティに負けていない美味しい喜多方ラーメンをいただきました！ちなみに、厳密にいうとNYではなく、トンネルを抜けたニュージャージーにあるお店です。アジアンスーパーの中にあるので、帰りはレトルトカレーやチンできるご飯などの日本食を調達して帰りました！

LE QUOTIENT CAFE CENTRAL PARK

📍 2 W 69th Street ☎ 646-233-3768
Ⓗ http://www.lepainquotidien.com/
📷 @lepainquotidienus

セントラルパークの朝が
面白い！ | #415

セントラルパークのど真ん中にあるカフェ。今回は、Beatboxerの Daichi 君と昼間に行きましたが、実はこのカフェ、9時前に行くと犬だらけ！ セントラル・パークは9時前であればわんちゃんたちをリードなしで歩けるんです！ 犬好きの方にはたまらない光景！

行きたかったスポット

無料で見れる
シェイクスピアの
舞台！

SHAKESPEARE
IN THE PARK

📍 81 Central Park West
☎ General Info: 212-539-8500
Ⓗ https://www.publictheater.
org/Programs--Events/
Shakespeare-in-the-Park/
SITP-Tickets/
📷 @publictheaterny

夏になるとセントラルパークでShakespeareの舞台がほぼ毎晩無料で見られるんです！ でも、チケットを手に入れるのはなかなか困難で、抽選に応募して幸運を願うか、朝から行って並ぶか。油断して昼ぐらいに行ったら、すでにすごい行列！ 早い人たちは6時前から並んでいたとか！ 私たちが並び始めて20分後ぐらいに、係員の方から、「your chances of getting tickets are slim to none」（あなたたちがチケットを手に入れる可能性は、ほぼ無いに近い）と言われ今回は諦めることに…。行きたかった〜！

ついでにラップデスクも調達！

ちか

私が横断中に愛用していたラップデスクもここで買いました。車で過ごす時間がとにかく長いのでテーブルがあると便利！私は主に編集作業に使っていましたが、食べる時などにも役立ちます。窓から入り込む日差しが強いのでショートパンツを履いてる時は、日除け効果も！w。

モールでCOFFEE BREAK!

途中、デラウェア州のニューワークにあるChristiana Mallでコーヒー休憩を取ることに。このモールでは、スタバが大手書店 Barnes & Nobleに併設されていて、直営店ではないのでお店の雰囲気もちょっと違います。そして、なんと！サイズがショート、トール、グランデではなく、スモール、ミディアム、ラージ！トールを頼んだら、メディアムでいい？と聞き返されました。メニューも直営店と少し違い、僕のお気に入りMidnight Mint Mocha（日本未上陸）がなくてがっかり。

ホワイトハウスの姿に感動！

時差ボケのせいもあって、おさるさんは途中でダウン！最後の1時間ぐらいは私が運転しました☆。自分の運転でD.C.に到着したかったおさるさんは少し不機嫌な状態で爆睡。(知らないよ!)
私は、『♪Despacito♪』を聴きながらノリノリで運転！(真顔でねw)
モールで長居をしてしまったため、D.C.に着いた頃は真っ暗でしたが、、ライトアップされたホワイトハウスが見えた時はちょっと感動！(実は国会議事堂だったっけ…汗)

Philadelphia 90

Newark

Baltimore

#594

アメリカの本屋さんに沢山のMANGAが！

スタバで休憩後、横断用の地図を買うために本屋さんをぶらぶらしていたら、日本の漫画が両側の棚にずらりと！こんなに多くの漫画が「Manga」として売られていることに嬉しくなり、1時間近く滞在してしまいました。エイミーという親切な店員さんが、地図の場所を教えてくれ、地図も無事GET！

Washington D.C.
ワシントン D.C.

95

New York to Washington D.C.
Distance（距離）: 364 km
Time（時間）: 4 hours
Christiana Mallで大手量販店巡り!

New York
ニューヨーク

運転してるフリ↓
この後、僕と即交代

NEW
ERSEY

I-95

NYの運転でドキドキ!

その先にある何千キロの道のりよりも、わずか数ブロック先への道のりにドキドキしていました。常にクラクションが鳴り響き、怒号が飛び交うNY・マンハッタンで運転するのは初めて! ちなみに、ニューヨーク市の法律で緊急事態以外にクラクションを鳴らすのは、実は違法らしいです。チケットを切られることはほとんどないみたいですが、本来は$350の罰金だとか! マンハッタンを脱出し高速道路に乗ると、あとはひたすら真っすぐ。鼻歌も交じるほどに落ち着きました。

「OSARU」と「CHIKA」

アメリカでは「just-married（結婚しました）」や「for sale（この車売ります）」などのメッセージを車のウィンドウに書くことがあります。この車に気付いてくれる人がいるかもと思い、リアウィンドウに「OSARU」と「CHIKA」のステッカーを貼ってみました。なんと実際に、この車を見たという人からTweetが寄せられたこともありました。

DAY 5

ワシントン D.C.

Washington D.C.

街中が公園のようなワシントンD.C.！

ワシントンD.C.は今回初めて行きました。到着したのは夜だったのですが、ホテルはホワイトハウスから徒歩圏内の場所にもかかわらず、思いのほか騒がしく少しびっくりしました。翌日ホワイトハウスやワシントン・モニュメントの方に歩くと広々とした芝生や立派な建物が沢山あり、雰囲気がまたガラッと変わりました。どの街も違いますね。Netflixの人気ドラマ『House Of Cards』（Kevin Spaceyが問題になってしまいましたが）をずっと観ていたので、もっとダークな街を勝手にイメージしていましたがw、緑が多くジョギングやサイクリングしながら気持ちよく観光できました☆

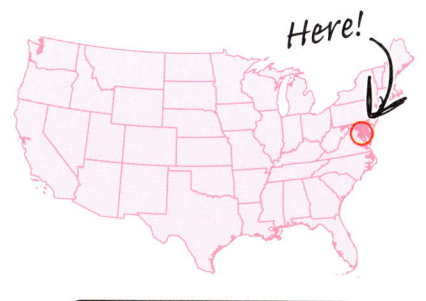

Here!

FACT FILE	
State（州）	**District of Columbia** （コロンビア特別区）
Population（人口）	約681,200人

364 km

▶ GOAL！

bilingirl_chika #DC #City Center #colorful #loveit #他の季節のディスプレイも見てみたい #ジョギングで通過しようと思ったら写真撮りまくりで30分ぐらいいた #運動時間より撮影時間の方が絶対長かった

季節ごとにデコレーションが変わるシティーセンター |#586

シティーセンターの飾り付けがとにかく可愛い！私が行った時はカラフルなバルーンが飾られていました☆。インスタにアップしたらみんなから大反響！秋は紅葉でデコレーションされていたり、季節を大胆に感じられるスポットです♪

CITYCENTERDC

📍 10th & H St NW　☎ 202-289-9000
HP http://citycenterdc.com/　📷 @citycenterdc

D.C.は朝のジョギング＆サイクリング観光がオススメ！ |#586

たくさんの観光地が密集しているワシントンD.C.は緑も多く、気持ちよくジョギングできるエリアが充実しています。特に、ワシントン記念塔とリンカーンメモリアルがオススメ。私たちはジョギングの途中、リンカーンメモリアルの近くで自転車を借りて、ナショナルモールを通って帰り、泊まっていたホテルの近くのステーションで返せたので、ギリギリまで観光ができました！1日しかいなかったので、美術館や博物館には行けなかったのですが、サイクリングで通った「National Gallery of Art」の庭のオブジェたちが印象的でした。

Feels so nice!

Travel Tip #2

最近都会にはよくあるバイクシェア！東京でもたまに見かけますよね。ヨーロッパでも何度か利用しましたが、観光に本当に便利！細かな操作などは業者によって異なりますが、D.C.では、「Capital Bikeshare」というサービスを使いました。私たちは街中を歩いている時に見つけたので、翌日Google MapsでCapital Bikeshareを検索して便利なステーションを見つけてキオスクで登録・支払いをしました。計画的な方は、専用のアプリもしくはウェブサイトでマップを確認して事前に登録・支払いすることも可能！発行されたコードをバイクの隣のパッドに入力すると自転車がアンロックされます。30分のクイック・トリップは$2、24時間利用は$8などいくつかのプランがあります。返却はどのバイクステーションでもいいので便利です！行きは頑張って歩いたけど、帰りは自転車でぱっと帰りたいな〜と思った時にも気軽に使えます☆

CAPITAL BIKESHARE

HP https://www.capitalbikeshare.com/

bilingirl_chika #DC #Whitehouse #houseofcards #この直後に大統領の車列を目撃

狭いけどおしゃれ！ アクセス抜群な宿！

ホワイトハウス、スミソニアンなどの観光にはとても便利な場所にあるスタイリッシュなビジネスホテル。チャイナタウンの「Friendship Archway」のすぐ側にあり、昼間は観光客も多く全く問題ないですが、夜の治安はあまりよくなさそうです。1Fのロビーにはおしゃれなレストランとカフェがあり、早朝の作業もはかどりました。お部屋はかなりコンパクトだけど、様々な工夫がされていて使い勝手がいいお部屋でした。窓からは、ワシントン記念塔が見えましたよ〜。

THE POD HOTEL

- 627 H St.NW
- ☎ 202-847-4444
- HP https://thepodhotel.com/pod-dc/
- @thepodhotels

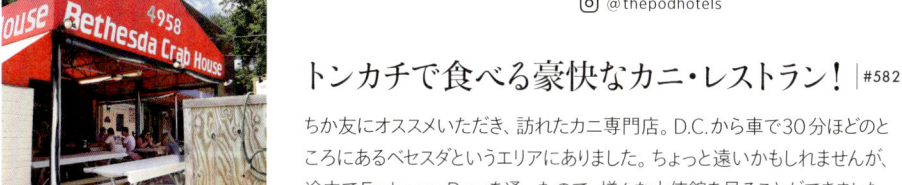

トンカチで食べる豪快なカニ・レストラン！ | #582

ちか友にオススメいただき、訪れたカニ専門店。D.C.から車で30分ほどのところにあるベセスダというエリアにありました。ちょっと遠いかもしれませんが、途中でEmbassy Rowを通ったので、様々な大使館を見ることができました。このお店のカニの食べ方はとにかく豪快！ 私たちが行った時はmedium size crabsしかなかったので、large size crabの迫力がかなり気になりますw。トンカチで叩きながらむしゃむしゃ無言になっていただきましたw。ローカルの方々は、お酢とチリパウダーで食べるらしいです。週末の混んでる時にのぞいてみたいと思いました。トンカチですごいことになってそう！ エビもオススメ！

BETHESDA CRAB HOUSE

- 4958 Bethesda Ave, Bethesda ☎ 301-652-3382
- HP https://www.bethesdacrabhouse.com/

私達が頼んだもの

Half pound Spiced shrimp	$15
Half dozen（6個）Hard shell crabs	（1個 $6.25）

ホワイトハウスは表から！

ホワイトハウスは表からでも裏側からでも見ることができます。裏からのほうが近づけますが、やっぱり迫力があるのは表から眺めるホワイトハウス。後ろ姿は意外と地味で、アメリカの高級住宅地にはゴロゴロありそうな家w。ちか友がホワイトハウスが一番残念だったと教えてくれましたが、なんとなくわかりましたw。

WHITE HOUSE

- 1600 Pennsylvania Ave NW

RENWICK GALLERY

ちか友にオススメしてもらったモダンアートのギャラリー。建物はかなりクラシックなイメージですが、中には立体的でカラフルなアートも多く本当に面白そう！

GEORGETOWN CUPCAKES

Georgetownのエレガントなショッピングエリアにあるカップケーキ屋さん。時間がなかったのでささっと買って帰ろうと思ったらものすごい行列！ 余計食べてみたくなりました！

ASTRO DOUGHNUTS

ドーナッツで挟んだフライドチキンバーガーがあるらしく、食べてみたかった！

売店はないけど、自販機にお菓子が！

アメリカのパーキングエリアは、地味！

途中、パーキングエリアに立ち寄りましたが、アメリカのパーキングエリアは、日本の充実した設備のサービスエリアとは異なり、トイレと自販機があるのみ。食事やコーヒーなどを飲みたい時は、高速道路を降りる必要があります。

看板で情報収集！！

高速道路に立てられている看板には、マクドナルド、KFC、スターバックスなど…次の出口にはどんなお店があるのかが分かるようになっています。食事などを取りたい時は、看板を見てお店を選ぶことができますよ。

方角を見分けるコツ！

ちなみに、インターステート・ハイウェイは、奇数が南北に走っている道で、偶数は東西に走っている道となっています。I-81からI-26に乗り換えて、アッシュビルに向かいました。

WEST VIRGINIA

KENTUCKY

Kingsport

NORTH CAROLINA

Asheville
アッシュビル

Charlotte

Washington D.C. to Asheville
Distance（距離）：758 km
Time（時間）：7 hrs 30 min
本物のブルーリッジマウンテンを
見ながらカントリーロード！

Washington D.C.
ワシントン D.C.

95

64

BLUE RIDGE
MOUNTAINS

VIRGINIA

Ready?

朝はホテルのカフェで作業してから、
次の目的地へ出発！

ちなみに…『Take Me Home, Country Roads』の歌詞には繰り返し「ウエストバージニア」が登場しますが、登場するブルーリッジ山脈はウエストバージニア州にはなく、シェナンドー川もわずかにかすめる程度とのこと。この曲を作ったジョン・デンバー達は、この場所を訪れて曲を作ったわけではなかったようです。が、ウエストバージニア州からでも、ブルーリッジ山脈とシェナンドー川が"見える"ことから良しとされ、今ではウエストバージニア州の州歌の一つとなっているそうです。

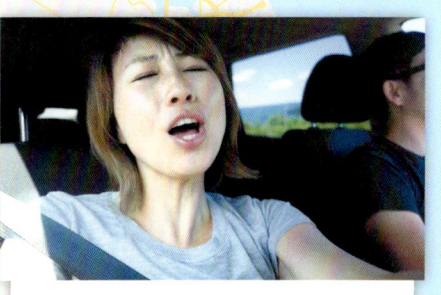

カントリーロードを歌いながら

インターステート・ハイウェイI-66からI-81を南下。そこは『カントリーロード』として知られるジョン・デンバーの曲『Take Me Home, Country Roads』で歌われた土地。カントリー好きの父がかけるオリビア・ニュートン・ジョンのカヴァーVerを子供の頃車の中で聴いていたので、歌詞に登場するブルーリッジ山脈とシェナンドー川を眺めながらのドライブは気持ちよかったです。音痴も気にせずちかと歌いながら楽しくドライブしました。

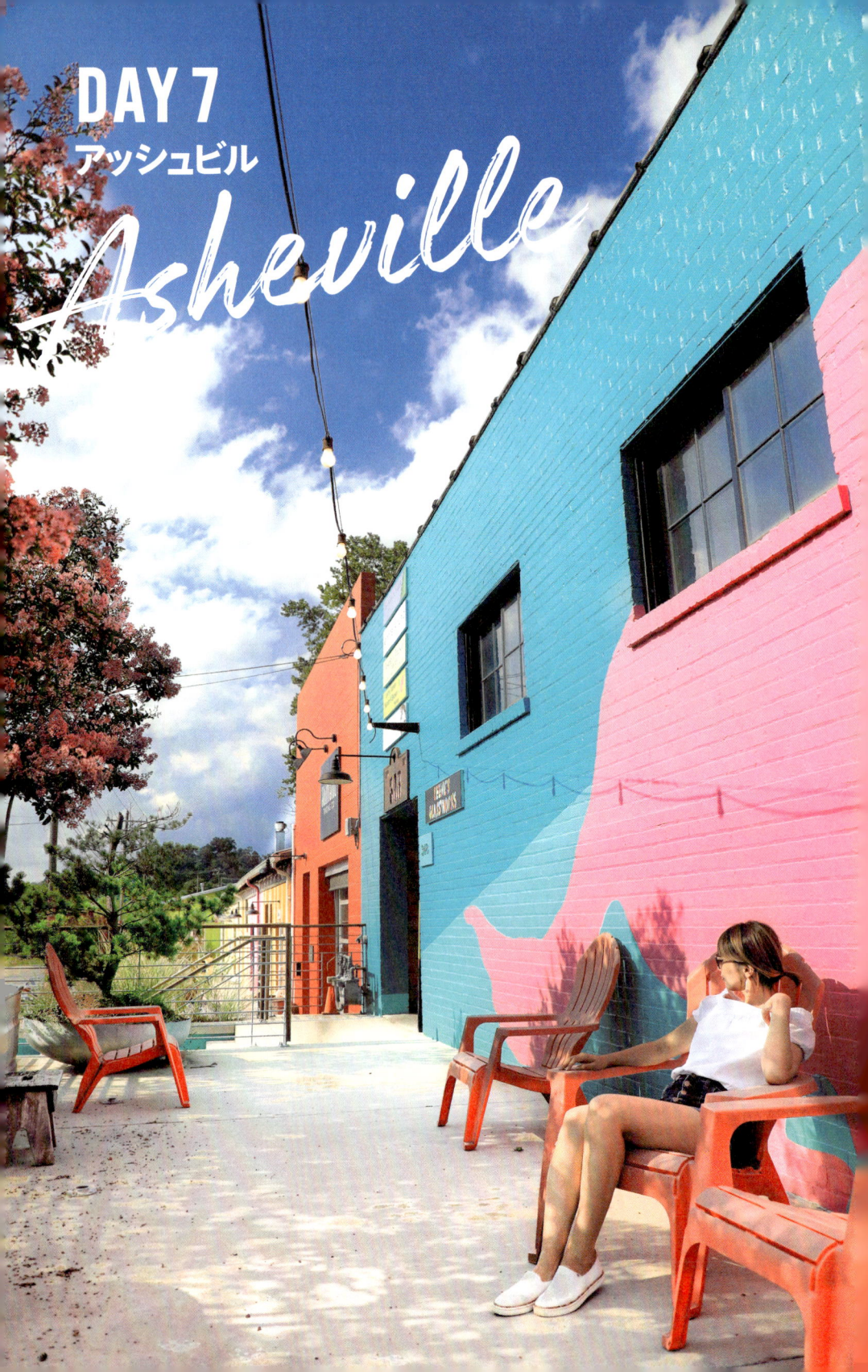

個性とアートあふれる
小さな街アッシュビル

最近アメリカの人気観光スポットとしてランキングなどでも取り上げられているアッシュビルという街。ノースキャロライナ州の西側にあり、アメリカ最大級の邸宅「ビルトモア・エステート」でも有名。この邸宅を造るにあたり、様々なアーティストを呼び、その人々がアッシュビルに残ったため、とてもアーティスティックな街になったとか。20年代に流行ったアール・デコという建築スタイルの建物が未だに多く残っており、それも見所の一つ！

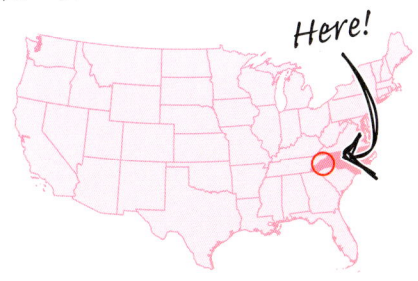

Here!

FACT FILE

State（州）	North Carolina（ノースキャロライナ州）
Capital（州都）	Raleigh（ローリー）
City（都市）	Asheville（アッシュビル市）
Population（人口）	約89,000人

1122 km
▼

- ▶ GOAL !

体と心を
リフレッシュさせるための宿

アッシュビルのダウンタウンから車で10分ほどのところに、「体と心のリフレッシュ」をテーマにしたホテルがありました。着いたのが夜中であまり満喫できなかったのですが、暖炉付きの広いお部屋とガーデンでの朝食を楽しめました。近くにハイキングトレイルも沢山あって、日常から離れて癒されたい方にはとてもよさそうでした。企業や団体のリトリートでもよく使われているみたいです。

OM Sanctuary

📍 87 Richmond Hill Drive ☎ 828-252-7313
HP http://omsanctuary.org
📷 @om-sanctuary-ashville-nc

Hello Neighbor!

お隣さんはアルパカ！

私たちは旅先でよくAirbnbを利用しているのですが、アッシュビルでも面白い物件を見つけたので即予約！ものすご〜く小さな小屋のようなお家☆。ミニチュアみたいでなんか楽しそう！と思いました。着いたらなんと可愛いアルパカちゃんたちが迎えてくれました。この顔、癒される〜w。まあ〜でも1泊で十分かなw。起きる時、天井に頭をぶつけないように！

Airbnb: Tiny Homestead

HP http://www.airbnb.com/rooms/2645941

シャンパンを
飲みながら読書？

シャンパンが飲める本屋さんを発見！私はお酒が飲めないですが、響きがおしゃれすぎて行ってみました。クラシックなテイストのインテリアで赤いベルベットのソファなどでシャンパンを片手に本を読む。週末通いたいような場所でした。古本屋なので、普通のブックストアでは見ないようなセレクションも楽しめます。おさるさんは、アンティークカーの写真集を買っていました。私は世界中の絵本を集めるのが好きなので、昔のアメリカっぽさが楽しめる作品を数冊ゲットしました。

BATTERY PARK BOOK EXCHANGE & CHAMPAGNE BAR

📍 1 Page Avenue #101
☎ 828-252-0020
HP http://batterypark bookexchange.com
📷 @battery-park-book -exchange-champagne-bar

おしゃれな
ブルワリーで
ユニークな
地ビールを堪能！

アッシュビルは地ビールがとても有名で様々なブルワリーがあります。私たちはダウンタウンにあるちょっと若者向けのモダンなお店に行ってみました。面白いフレーバーのビールが沢山あり、おさるさんが頼んだきゅうりのビールを一口もらいましたが、とてもさっぱりしていて、飲めない私でも飲みやすかったです。アペタイザーのビーフカルパッチョがとっても美味しかった☆。系列店の「Funkatorium」は、よりファンキーなサワーエールなどを楽しめるみたいです！

WICKED WEED BREWING COMPANY

📍 91 Biltmore Ave
☎ 828-575-9599
HP https://www.wickedweed brewing.com
📷 @wickedweedbrewing/

bilingirl_chika #Asheville #londonbus #右向き #目の前にも撮影をしてる２人組が #お互いのショットの邪魔にならないように交代で撮影 #分かり合える同志は楽

外も中も フォトジェニックな バスカフェ

20年近くダウンタウンアッシュビルにあるロンドンバス。中に入るとカラフルで可愛いカフェ。外にも座れますが、2階がオススメです。とにかく中も外もインスタ映え抜群なので、立ち寄ってみてください☆

DOUBLE D'S

📍 41 Biltmore Avenue   ☎ 828-505-2439   HP http://doubledscoffee.com/
📷 @double-ds-coffee-and-dessert

Welcome to Asheville!

笑いながら歴史を学べるバスツアー

アッシュビルを楽しく観光できる真っ紫のバス！ツアーというと言葉の情報が多いですが、こちらは、コメディショーのようで、言葉が分からなくても雰囲気を楽しめます！ちょっとクレージーなパフォーマーたちが歌ったり踊ったりしながらこの個性あふれる街の歴史を教えてくれます。

LA ZOOM BUS TOUR

📍 76 Biltmore Ave
☎ 828-225-6932
HP https://www.lazoomtours.com

 bilingirl_chika #Asheville #doughnuttower #doughnuttcoma #crispy #juicy
#delicious　#このハッシュタグ書きながらお腹がぐーぐー　#また食べたい

アメリカ全土で
最も美味しいデザート?! |#593

もともと聞いたこともなかったこの街に、なんと全米で
1位に選ばれたデザートがあるとか!(2016年の
『BonAppetite』という料理雑誌にて)。ローカル感溢
れるとってもチャーミングなお店で、オープンキッチンで
ドーナツを作っています。入った瞬間から甘くて香ばし
い匂いがやばい!しかも、機械はほとんどなく全部手
作り!現在のオーナーさんは、昔からこのお店のファン
だったらしいのですが、前オーナーさんが歳をとり、この
お店を継ぐことになったそうです。なんて素敵な話!日
本でよくあるふわふわドーナッツとは違って、カリっとじ
ゆわじゆわ。噛んだ瞬間に甘いグレーズが溶けはじめ、
パンに染み込んでいくんです。歯ごたえもあってやみつ
きになります!T-シャツも可愛いので、お土産にぜひ!

HOLE DOUGHNUTS

 168 Haywood Road ☎ 828-774-5667
HP https://www.hole-doughnuts.com @holedoughnuts

Made fresh!

カラフルな
インスタ映えスポット!

とてもカラフルなアトリエや小さなショップが並ぶ
エリア。遅めの時間に行ったので、お店はもう閉
まっていましたが、カラフルな壁が最高のフォトス
ポットになります☆

RIVER ARTS DISTRICT

 344 Depot Street
HP http://www.ashevillerad.com
 @river-arts-district-artists-asheville

この辺りはVILLEだらけ

AshevilleからKnoxvilleを通りNashvilleへと、アメリカ東部から中部には「ville」の付く地名が多くあります。この「ville」はフランス語で「都市・町」を意味しています。アメリカがイギリスからの独立を目指した「独立戦争」の際、フランスが援助をした地域には、このようにフランス語の名残りあるようです。

Nashville
ナッシュビル

Smithville

Crossville

高速から見える不思議な建物!

こちらは、ナッシュビルで最も高い建物、AT&Tビル。バットマンのマスクに似ていることからBatman Buildingと呼ばれています!

TENNESSEE

国内なのに時差!

アメリカ本土には時差があり、東から順に、東部時間（EST = Eastern Standard Time）、中部時間（CST = Central Standard Time）、山岳部時間（MST = Mountain Standard Time）、太平洋時間（PST = Pacific Standard Time）の4つのタイムゾーンに分かれます。しかも、テネシー州には州の真ん中でタイムゾーンが分かれています。今回の横断で初めてとなる時差。

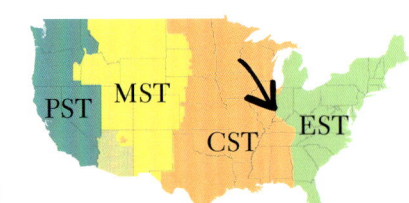

ALABAMA

この横断では、ほぼ毎日、日本時間の20時前後に動画をUPするようにしていました。東海岸では、朝6時でしたが、西に向かうにつれ朝の5時、朝の4時…そして太平洋時間になると、朝というよりほぼ夜中の、午前3時…同じ国で時間変わりすぎ! 気づいたら時間が変わっているので、レストランの予約などをしている場合は、要注意です!

食べにくいw

Asheville to Nashville
Distance（距離）：474 km
Time（時間）：5 hrs
ひまわりの種を食べながらちょっと都会へ！

KENTUCKY

Knoxville

321

GREAT SMOKY MOUNTAINS NATIONAL PARK

441

411

NORTH CAROLINA

Asheville
アッシュビル

アメリカで最も観光客を
集める国立公園

グレート・スモーキー山脈国立公園の山間の道。幅約30km、長さ110km²、2100km²を超える面積の国立公園は、日本での知名度はそれほど高くないものの、グランド・キャニオン国立公園や、ヨセミテ国立公園、ハワイ火山国立公園などの国立公園の中で、最も多い観光客数を集めているといわれており、世界遺産にもなっています。「グレート・スモーキー」の名前の通り、霧が広く立ち込める気候で雨が多く、僕らが通った時もどしゃぶりの中のドライブとなりました。今回は、時間がなく公園を巡ることはできませんでしたが、いつかトレッキングやキャンプをしてみたいです。

旅のお伴は…「ひまわりの種」

アメリカのガソリンスタンドでは必ず売っている「ひまわりの種」。これがドライブのお伴に最適なのです！「ひまわりの種」がなかったら横断ができていなかったと言ってもいい程の必需品です。食べ方は…一度に10個ぐらいをガバっと口に入れ、ハムスターのように右頬に溜めます。そして一つずつ口の真ん中に移動させ、歯でパカっと割り、中の実を食べて、殻を左頬に移動させて殻を溜めておき、全部食べ終えたら、ぺっと吐き出します。いちいち割って食べるのは面倒ですが、この作業が眠気を取ってくれるので、長距離ドライブに最適なのです。ベーシックな味は塩味ですが、それ以外にもBBQ味やランチドレッシング味なども！

DAY 9
ナッシュビル

Nashville

Best of both worlds!
時代が交差するナッシュビル

ナッシュビルと聞くと「カントリーミュージックの街」というイメージですよね。ブロードウェイにはライブハウスが立ち並び、昼夜問わず音楽が鳴り響いています。でも、それだけでなく、新しく開発されたエリアには、おしゃれなウォールアートやおしゃれなカフェ、オーガニック食材を取り揃えたスーパーなどがあり、トラディショナルとモダンがうまく融合した素敵な街でした。そして、ブリヂストンや日産のアメリカ本社があることから、日本人がとても暮らしやすそうな雰囲気。平日の昼間にmeet-upをしたのですが、駐在員の奥様方が多く会いにきてくれてまるで女子会でした！

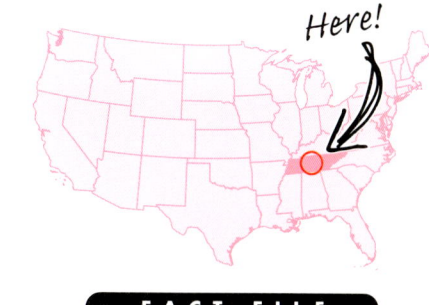

Here!

FACT FILE	
State（州）	Tennessee（テネシー州）
City（都市）	Nashville（ナッシュビル市）
Capital（州都）	Nashville（ナッシュビル市）
Population（人口）	約684,000人

1596km

- ▶ GOAL！

最近は多くのホテル予約サイトでアパートやコンドミニアムも検索結果に上がってきます。ホテルは作業するデスクスペースやキッチンがないので、横断中はコンドミニアムを何度か借りてみました。ホテルより安い値段で2ベッドルームの分譲マンションが借りられるんです！Washer & dryer付きなので溜まった洗濯もできちゃう！近くのスーパーで買い出しをして、広々としたキッチンで自炊もできるのでアメリカン料理でもたれ気味の胃にも嬉しい！私たちは、アメリカ全土に物件を持つStay Alfredという系列のコンドミニアムに泊まりました。とても快適だったのですが、予約に関して一点だけご注意！着いたら普通のホテルのようにロビーでチェックインをすると思いきや、ロビーもないし受付も何もない…。メールを確認してみたら、数週間前にStay Alfredから別途メールが届いていました。通常予約サイトで予約は完了します

が、コンドミニアムは受付がない物件も多いため、ネットでのチェックイン作業が必要だったとか。慌てて電話で問い合わせたら、その場でチェックインをしてもらえましたが、もし営業時間外とかだったらどうなっていたんだろう?? その後、建物・部屋に入るために必要なパスコード、鍵が必要な場合は鍵が保管されているポストの開け方など写真付きの丁寧なマニュアルがメールで送られてきます。プロセスさえ分かってしまえば楽チン！（でも、知らないとパニック！）受付もハウスキーピングもルームサービスもない代わりに、値段はリーズナブル！広々としたお家でのアメリカ暮らしを体験したい方にはオススメ！

STAY ALFRED AT THE JAMES DIVISION STREET

📍 1002 Division Street
HP https://www.stayalfred.com/
📷 @stayalfred

ブロードウェイは
ウェスタンブーツで歩こう！ |#596

ナッシュビルといえばウェスタンブーツ！ブロードウェイに行くとブーツ屋さんが沢山並んでいます。可愛いらしい看板を飾っていたお店に入ってみると、ブーツの値段にドン引き！5万円〜何十万のものばかり。遊び半分で買おうと思っていたので、この値段はちょっと…（汗）と諦めかけていましたが、Google Mapsで他のお店を検索してみたら、一本裏に入った通りに良さげなショップが！この「French's Shoes & Boots」は安いものから高いものまで、ものすごいセレクション！地下はアウトレットコーナーで、バーゲンものがずらり。代々続くローカルのファミリービジネスで、ブロードウェイにtourist trap的なお店が増える中、リーズナブルな値段でいいブーツを提供することを心がけている ➡

FRENCH'S SHOES AND BOOTS

📍 126 2nd Ave North Nashville ☎ 615-736-2934
HP https://frenchsbootsandshoes.com/ 📷 @frenchsboots

みたいです。Justinという名前の親切な店員さんに案内してもらい、French'sがデザインしたものでDan Postという有名なブーツメイカーが生産しているコラボ商品を買うことに！当初の予算はオーバーしてしまいましたが（笑）日本でも履けるようなシンプルなデザインにしたので、長く使えそう！

Wow!

昼でも夜でもライブが楽しめるホンキートンク

HONKEY TONK CENTRAL

📍 329 Broadway
☎ 615-742-9095
HP http://www.honkytonkcentral.com/
⊙ @honky_tonk_central

実は1日目の夜、ジョン・メイヤーのライブがブロードウェイのBridgestone Arenaで開催されることを知り、遠くの席でもいいから行ってみようか？とチケットを買いに行ってみました。数時間前にネットでチェックした時にはまだあったのに、ticket boothに着いたらなんと売り切れ～。残念！でも、大丈夫！ライブを聴ける場所なんてそこらじゅうにあるから！どこに入ればいいか分からないので、とりあえず目の前にあった『Honky Tonk Central』というライブハウスに入ってみることに。若い男性と女性がKenny Chesneyの『There Goes My Life』やShania Twainの『Man! I Feel Like A Woman!』など、割とメジャーな曲を歌っていたので、巨大なナチョスをむしゃむしゃ食べながら懐かしい気分になりました。（実は、一時期カントリーにハマったことがありました。Rascall Flattsというグループの曲がオススメです！）ちなみに、おさるさんはライブハウスの雰囲気に圧倒されてしまい、緊張しまくり。顔がずっと引きつってましたw。入る前にお酒は1、2杯飲んだほうがリラックスして楽しめるかも？

その後、ナッシュビル出身のハリウッド女優のReese Witherspoonがブログで紹介していた「Robert's Western World」にも行ってみました。こちらはまた全然違う世界観！バンドも年配の方が多く、昔ながらのカントリーミュージックを楽しめます。私たちはナチョスでお腹がいっぱいで食べられませんでしたが、ここのFried Bologna Sandwichが美味しいみたい！

ROBERT'S WESTERN WORLD

📍 416 Broadway B　☎ 615-244-9552　HP http://robertswesternworld.com/　⊙ @robertswesternworld

 bilingirl_chika #Nashville #cafe #morning #blueskies #perfectday #脚長テク #段差を使う #足をクロスして片方をシュッと伸ばす #店員さんイケメン #おさるさんには内緒 #ってか読んでるかw #本文にも書いてるし #oops

おしゃれカフェで朝食を | #583

こちらもReese Witherspoonのおすすめスポット。行きたいリストに入れていたのですが、コンドミニアムの目の前にあってびっくり！2日目の朝、こちらから朝食の様子を生配信しました。店員さんがイケメンでとてもフレンドリー！お店も広々としていて、モーニングルーティンにこんなカフェが入っていたらいいな〜と妄想。バタバタしていたのでお土産を買い忘れてしまいましたが、可愛いマグカップやTシャツが沢山ありました☆

BARISTA PARLOR GOLDEN SOUND

📍 610 Magazine St ☎ 615-227-4782
HP https://baristaparlor.com/
⊙ @baristaparlor

噛めば噛むほど味が出るBBQリブ！ | #597

ちか友オススメのBBQ屋さん「Peg Leg Porker」。泊まっていたコンドミニアムの近くにあったので行ってみました。ガレージのような店内で、カウンターで注文し自由に席を選びます。反対側にはスポーツバーがあり、お酒はそちらで頼みます。おやつの時間に行ったのでリブをシェアすることに。最初はリブの大きさにびっくりしましたが、リブってほぼ骨なので全然いけちゃうんですよねw。私がよく食べるジューシーでBBQソースたっぷりのものではなく、ピリ辛のスパイスが付いている肉厚のジャーキーのようなものでした。これがまた噛めば噛むほど味が出てくるんです！帰り際にSunnyというフレンドリーな店員さんが話しかけてくました。日本（特に東京？）では店員さんがこのように気軽に話しかけてくることはあまりないですが、アメリカはこのような 店員さんとのchit chat が色々なところで楽しめます☆

PEG LEG PORKER

📍 903 Gleaves St
☎ 615-829-6023
HP http://peglegporker.com/
⊙ @peglegporker

 私達が頼んだもの
Ribs - Full Rack with 2 sides (Mac and Cheese & Coleslaw)　$22.95

 bilingirl_chika #Nashville #bagels #bakery #awesomelunchspot #クリームチーズがこんなに美味しく見えるとは #プレゼンテーション大事 #ちか友パワーで日本に持ってきちゃおう

ジェラート屋さんのような
ベーグルショップ！|#668

メンフィスに向かう前にPinterestで見つけたベーグル屋さんでランチを食べることに。時間もないし、どうする?? と最初は行くか迷っていたのですが、行ってみて本当によかった！ 可愛らしいお家のようなお店で、中に入るとガラスのケースに何種類ものクリームチーズがまるでジェラートのように並んでいます。もともとニューヨークでベーグルのお店を営んでいた家族がナッシュビルという街に可能性を感じ、移住してきたとか。ベーグルが苦手なおさるさんも「これは美味しい！」と大絶賛！ ちか友とクラウドファンディングしていつか日本に持ってこれたらな～と半分リアルに妄想していましたw。Someday!!

delish!

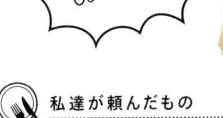

私達が頼んだもの

Avocado Toast	$12.50
Lox Bagel （rosemary cream cheeseと spinach bagelにカスタマイズ）	$14
Lavender Honey Latte	$5.50

Proper Bagel

📍 2011 Belmont Blvd
☎ 615-928-7276
HP http://properbagel.com/
◎ @properbagel

#WhatLiftsYou
#NashvilleGulch
@KelseyMontagueArt

 bilingirl_chika #Nashville #wallart #whatliftsyouwings #あなたを持ち上げてくれるものはなに？ #私はみんなからのLOVE #ちか友最高 #LAのAbbot Kinneyにもあるよ

一瞬だけでも立ち寄りたい
フォトスポット！

ナッシュビルは個性的なウォールアートが沢山あります。Gulchというおしゃれエリアには、Kelsey Montagueというストリートアーティストの「#WhatLiftsYou」という作品があります。同じシリーズの作品がニューヨークにもあるのですが、以前テイラー・スイフトがその翼の前で撮った写真をシェアしたことから一気に広まり、今は世界中の様々な都市や美術館でWhatLiftsYouの翼が描かれています。メインの作品の隣にあるbaby wingsが最高に可愛いです！

Nashville WhatLiftsYou Wings

📍 302 11th Ave S
HP http://kelseymontagueart.com/
   nashville-whatliftsyou-wings/
⌾ @kelseymontagueart

WhatLiftsYouの向かい側にはものすごくカラフルな壁もあります。こちらの棒に立つと飛んでいるようにも見えますよ☆（※良い子は真似しないでねw）

行きたかったスポット

Bluebird Cafe

📍 4104 Hillsboro Pike ☎ 615-383-1461
HP http://www.bluebirdcafe.com/ ⌾ @bluebirdcafetn

テイラー・スイフトが発掘したといわれているライブハウス。予約枠がいっぱいで私たちは諦めましたが、当日行って並ぶこともできるみたいです。前もって予約をしておくのがオススメ！

Hattie B's
Hot Chicken

📍 112 19th Ave S
☎ 615-678-4794
HP http://hattieb.com/
⌾ @hattiebs

行列ができるスパイシーなフライドチキン屋さん。Uberの運転手さんによると、アプリで持ち帰りを注文すれば並ばず時間通りに受け取れるとか！take outしてホテルで食べるのもありかも☆

街に溶け込むレンガのスタジアム！

メンフィスの中心街には、NBA・メンフィス・グリズリーズの本拠地となっている競技場「FedExForum」があります。赤茶色を基調とした外装は、レンガ造りの建物が多いメンフィスの街にぴったりなデザイン。なお、世界最大の物流会社であるFedExはここメンフィスに本社があります。

二人のキング

その「FedExForum」のすぐ脇を、メンフィスで活躍し、89歳でこの世を去ったブルースの巨人・B.B.キングを偲んで改名された「B.B.King Boulevard」が通っています。そして、B.B.King Boulevardと交差するのが、もう一人のキング。メンフィスで凶弾に倒れたキング牧師の名前が記された「Dr. Martin Luther King Junior Avenue」。二人のキング。道のみならず歴史もが交錯する交差点がメンフィスにあります。

ナッシュビルで泊まった同じ系列のコンドミニアムがまたまた快適！

● Jackson

Memphis
メンフィス

サンセットで最高のウェルカム！

部屋からは、川の向こう側に沈む夕日が。何川だろう？と思って調べたら、なんとミシシッピ川じゃないですか！小学校の頃、M-i-s-s-i-s-s-i-p-p-i♪と、リズムに乗ってミシシッピの綴りを覚えたのを思い出しました。実物を見る日がくるとは！

Nashville to Memphis
Distance（距離）：341 km
Time（時間）：3 hrs 30 min
暑すぎて高速で山火事！

夏に凍える？

外は暑くてもスーパーやショップ、カフェ、バスの中などは恐ろしいほど寒いです！冷蔵庫かという程の寒さで襲いかかってきます。そんな中で、現地の人はTシャツや短パンだったり…OMG！真夏でも、店内の寒さ対策にパーカーなど、上に羽織る物は絶対に必要！軽いけど温かい、The North Faceのフリースも今回かなり活躍しました！

Nashville
ナッシュビル

TENNESSEE

ナッシュビルからメンフィスへ

Nashvilleのmeetupに集まってくださったちか友の皆さんに温かく見送られ、メンフィスへ！

あまりの暑さに火事も発生!?

アッシュビルからナッシュビルまでは7時間半の道のりでしたが、メンフィスまではたったの3時間。広いアメリカを走っていると、3時間はちょっと隣町に行くような感じに思えてしまいますが、日本なら東京から静岡ぐらいまでの距離です。なかなかの遠さです。高速道路を走っていると何やら渋滞が発生。そして前方には煙が広がっています！

なんと、高速道路の路肩の芝生が燃えていたのです！消防車が燃え広がる芝生を消火していましたが、辺りは煙に包まれていました。また、燃えているのは一ヶ所ではなく、別の場所でも火事が起きており、この時期がいかに暑かったかを物語っていました。

DAY 11

メンフィス

Memphis

ちょっとワイルドなブルースのメッカ、メンフィス

カラフルなネオンの看板、あちこちから聞こえてくるライブミュージック。一見ナッシュビルのブロードウェイかと思いますが、さすがエルビスの出身地&ロカビリー発祥の地、ナッシュビルにはなかったエッジーさがありました。ロカビリーは白人音楽のカントリーと黒人音楽のブルーズが融合されたものと言われていますが、街自体もそのような雰囲気でした。

Here!

YEAH!

FACT FILE	
State（州）	Tennessee（テネシー州）
Capital（州都）	Nashville（ナッシュビル市）
City（都市）	Memphis（メンフィス市）
Population（人口）	約652,000人

1937km

-- ▶ GOAL !

❤️ 🗨 bilingirl_chika #Memphis #bikers #harleydavidson #wannabe #badass #最初はみんな怖そう！と思ったけどめちゃくちゃフレンドリー #dontjudgeabookbyitscover

水曜日はバイカー祭り！ |#600

ナッシュビルと同じStay Alfred系列のコンドミニアムに泊まったのですが、夜はゆっくり部屋で食べようとスーパーに向かいました。メインストリートの小さなスーパーに行ったのですが、通りはなぜかガラガラで、意味不明なことをずっと話しかけてくる男性がいたり、正直少し怖かったです。「やっぱり部屋にいたほうがいいね〜」と言いながらコンドミニアムに戻っていたら、ある通りがすごく賑わっていたので、覗いてみることに。近づくと、見たこともないようなバイク？ 車？ 乗り物？ がブンブンと目の前を走り、まるでパレード！ ビールストリートの両側には、ハーレーなどの派手なバイクがびっしり並んでいて、あたりはバイカーだらけ。

近くに立っていたおじさんに訊いてみたら、水曜日はバイクを自由に停めていい日だから、みんなダウンタウンに集まるのだとか。「水曜日は、人が沢山いるから観光するにも一番安全だよ」と教えてくれました。日本から来たと話したら、周りのお友達に"They're from Japan!"と紹介してくれて、バイクの前で写真を撮らせてくれたり、大歓迎してくれました。

BIKE NIGHTS ON BEALE

● 4月〜9月の水曜日

HP http://www.bealestreet.com/bike-night-on-beale/

⊙ @bealestreetmemphis

ミシシッピ川の夕日に癒される

メンフィスに着いた日、コンドミニアムから見えたミシシッピ川の夕日がとっても綺麗だったので、翌日は実際ミシシッピ川に行ってみることに。川沿いには綺麗な公園があったり、ハーレーがブンブン走るダウンタウンからは想像できない雰囲気でした。川と共に穏やかで平和な空気が流れていて、太陽もいつもよりゆっくり沈んでいくような。私が育ったワシントン州からかなり遠い場所、メンフィスなんて一生行くことなんてないと思っていましたw。今回の横断のおかげで自分が知らないアメリカを色々と体験することができ、もっともっと見てみたいと思うようになりました。

横断お気に入り1位！
激ウマフライドチキン！ #603

こちらもまたちか友のオススメのお店！泊まっていたコンドミニアムのすぐ近くにあったので歩いてランチに行きました。あ〜〜!!これを書きながらもよだれが出てくるぐらい美味しかったです。サクッとした薄い皮、じわ〜っと肉汁が出てくるジュージーな鶏肉。感動的に美味しかったです。私は断然ジュージーなモモ肉の方が美味しいと思いましたが、おさるさんはさっぱりだけどしっとりとした胸肉が好きだったみたいです。テネシー州が本場ですが、アメリカ南部にわたって数十店舗あります。動画をアップした後、あるちか友が早速近くのお店に行ってくれて写真をツイートしてくださったのですが、チキンがちょっと焦げ気味でしたw。お店によって品質のバラつきは多少あるかと思いますが（アメリカですからねw）、是非トライしてみてください！

GUS'S FRIED CHICKEN

📍 310 S Front St ☎ 901-527-4877

🅷🅿 http://gusfriedchicken.com/
downtown-memphis
-tennessee-location/

📷 @gusfriedchickenmem

 私達が頼んだもの

Fried Green Tomatoes	$6.50
2 Piece Dark Meat Plate	$6.40
2 Piece White Meat Plate	$7.40

意外と可愛いエルビスグッズ！

私たちがメンフィスを訪れた時期は、ちょうどエルビス・プレスリーの没後40年で「Elvis Week」を控えていました。エルビスのモノマネ大会などもあるらしく、先ほどご紹介したフライドチキン屋さんにもミニエルビスがいました。ジュークボックスでエルビスをかけるともうノリノリ！ リトル・エルビスに感化され、Gracelandに行ってみることに。着いた頃には残念ながら閉館…（営業時間調べて行けってね！）。Souvenir shopはまだ開いていたので、覗いてみたら、エルビスの愛車のキャディラックをモチーフにしたお土産が可愛くて思わず買ってしまいましたw。

GRACELAND

- 📍 3734 Elvis Presley Boulevard
- ☎ 901-332-3322
- **HP** https://www.graceland.com/
- 📷 @visitgraceland

行きたかったスポット

ギブソン・メンフィス工場

世界中の名だたるギターリストが愛用し、ギターをかじったことのある僕にとっては憧れのブランド「ギブソン」。そんな「ギブソン」の工場がメンフィスにあります。

現在、メンフィス工場では、ESシリーズというモデルのギターが製造されています。実はナッシュビルにも工場があり、なんならギブソンの本社はナッシュビルにあります。ならば、ナッシュビルに行った時に寄れよ！と思われるかもですが、ナッシュビル工場は中心街から離れたところにあり一般開放されていないようです。メンフィス工場では、ギター製造の過程を見学できるツアーや、館内には、ギブソンのギフトショップもあります。

そんなメンフィス工場が泊まっていた場所の目と鼻の先にあったのに…。気づいた時にはもう営業時間外。ちなみに、2017年10月、メンフィスの中心地にある工場を別の場所に移転するとギブソンが発表しました。余計に悔やまれます。（byおさるさん）

●工場見学ツアー

HP http://www.gibson.com/
Gibson/Gibson-Tours.aspx

📍 145 Lt. George W Lee Ave,
Memphis, TN 38103, USA

写真提供：
御茶ノ水
FINEST
GUITERS

（吹き出し）OMG! an alligator!!

道端ちゅうい！

アメリカの高速道路の道端には、様々な物が落ちています。500mごとに何かしら落ちていると言っても過言ではないぐらいの頻度で落ちています。最も多いのは、タイヤの破片。時にはほぼ丸ごとのタイヤが落ちていることもあり、注意が必要です。また、悲しいことに、ウサギやイタチ、シカ、アルマジロ、スカンクなど、動物の死骸も多く見かけます。シカなど大型動物は車へのダメージも大きいので、シカが嫌がる超音波を出す「鹿除け笛」なるものがガソリンスタンドで売られていました。夜になると、道の脇にいるシカの目がヘッドライトに照らされて光るので、ハイビームにしてなるべく早く気づくようにしていました。

ARKANSAS

70

Little Rock

ワニまで道端に！

道端の死骸で、最も驚いたのは、ニューオリンズ手前で見たワニの死骸。一瞬で通り過ぎてしまったので、半信半疑でしたが記録していた映像を見返すと…仰向けになったワニが！湿地帯が近づいてきたことを実感する出来事でした。

ワニも生息する湿地帯が広がるニューオリンズ。インターステート・ハイウェイI-55でニューオリンズの市街地に入る前には、右にモールバ湖、左がポンチャートレイン湖という両サイドを湖に挟まれた長い橋を走ります。

どこまでも続くかのような海抜0メートル地帯の湿地を眺めながら、水面に浮いているような橋を渡りきると、7時間のロングドライブは終わりを迎え、ニューオリンズへ到着します。

TEXAS

LOUISIANA

Baton Rouge

テンションが上がる街並み！

フレンチクオーターのヨーロピアンな建物や装飾がとても絵になり、早く散策したい！と長いドライブの疲れも一気に吹っ飛びました！

Memphis
メンフィス

40

Memphis to New Orleans
Distance（距離）：636 km
Time（時間）：6 hrs
海抜0メートルの別世界！

**O N
T H E
R O A D**
by Osaru-san
#604

40

55

ALABAMA

Elvis sunglasses!

MISSISSIPPI

20

Jackson

55

New Orleans
ニューオーリンズ

エルビスのレコーディングスタジオ！

メンフィスを出発する前に立ち寄ったのが、エルビス・プレスリーなどがレコーディングしたことで知られるレコーディングスタジオ「SUN STUDIO」。朝にもかかわらず観光客がスタジオの前で記念撮影などをしており、エルビスが今でも絶大な人気を誇ることが分かります。内部を見学できるスタジオツアーもあり、エルビス・プレスリーが使ったマイクや、ギターなどを見ることができるそうです！

そういえば高校生の時に古着屋さんで買った帽子が、「SUN STUDIO」のものであることに、この時気づきました。もしスタジオが開いていたら、ギフトショップなどでグッズを買いたかったなー。しかし、これから7時間の道のり。グッズは我慢！ 一路I-55でミシシッピ川と平行し、ニューオーリンズへ！

HP https://www.sunstudio.com/

DAY 13

ニューオーリンズ

New Orleans

平日でも昼間でも人と音楽で賑わうジャズ発祥地

ニューオーリンズはもう一度行ってじっくり観光してみたいと思う街の一つ! 向かう途中から湿地帯に入り世界観がガラッと変わっていくのにも驚きましたが、街に着いてからも個性的な街並みに「なにここ?!」を連発。特にフレンチクオーターは、フランスとスペインの植民地時代の建物が残っており、雰囲気はヨーロッパ! だけど聞こえてくるのはジャズミュージック、そして人々のはしゃぎっぷりを見るとやっぱりアメリカン? ヨーロッパ、アフリカ、アメリカの文化が混在しているとてもユニークな街です。

Here!

FACT FILE	
State（州）	Louisiana（ルイジアナ州）
Capital（州都）	Baton Rouge（バトン・ルージュ市）
City（都市）	New Orleans（ニューオーリンズ市）
Population（人口）	約391,000人

2573km
▼
GOAL !

ホテルの予約が勝手にキャンセルされた?! |#604

ニューオーリンズに行ったらベランダからFrench Quarterのカラフルで賑やかな街中を見下ろせるホテルに泊まりたく、予約サイトで探しまくった結果ちょっと高めだけど一部屋みっけ! ものすごく楽しみにしていたのに、着いてチェックインしようとしたらなんと予約がキャンセルされている?? キャンセルしてないし! ホテルと予約サイト側の連携がうまく取れていなくて、ホテル側はウェディング用に貸切状態で満室。実は、その前日に予約サイトから連絡があり「キャンセルされてますが大丈夫ですか?」と聞かれて、ホテルに直接連絡したら予約は取れていることを確認。ホテルの人にちゃんと確認したのにもかかわらず行ってみたら空いてないと。「おそらくお話された係の者は新人で状況を把握していなかったのだと思います」…いやいやいやいや、じゃあ、あなたが責任取ってよ! でもないものはない…というわ

けで別のホテルを探すことに…。新しく取った部屋の宿泊費を負担して、とお願いしたらそれはできないと断られました。アメリカは主張すればなんとかなることが多いのですが、小さなブティックホテルだったのでそのような余裕もなかったのかと。

Old 77 Hotel |#604

フレンチクオーターに泊まるのは諦め、翌日泊まる予定だった「Old 77 Hotel」の空き状況を確認してみることに。フロントで事情を説明したら、ホテルのマネージャーさんが同情してくれて、アーティストスイートという現地のアーティストの作品が飾られているステキなお部屋に無料でアップグレードしてくれました! 素敵すぎて感動! フレンチクオーターの中ではないですが、歩ける距離でとても素敵なブティックホテル! 1Fには「COMPÈRE LAPIN」という人気のレストランもあり、1泊目はそこでディナーを食べました。

OLD 77 HOTEL

📍 535 Tchoupitoulas St ☎ 504-527-5271
HP https://old77hotel.com/ 📷 @old77_hotel

自分好みのブラッディメアリーが 作れる朝食屋さん♪ |#607

各都市に1、2泊しかできないと、朝ごはんも大事な観光時間！アメリカはどこに行っても朝食文化が根付いているので、美味しいbreakfast placeを探すのが楽しみの一つです。朝から営業しているクレオール料理のお店を見つけたので早速行ってみました。着いたらすごい人！バーが空いていたので朝にもかかわらず沢山のliquorを前に朝食を食べることにw。後ろを振り向くと、ビュッフェのようにカウンターにちょっとした行列が。ヨーグルトやグラノーラが置いてあるのかと思いきや、なんとトマトジュース、ソース、トッピングを全て自分でカスタマイズできるブラッディメアリーバーでした。さすがニューオーリンズ、朝からお酒！朝食もよくあるパンケーキとかオムレツではなく、ローカルのテイストのものが沢山☆

私達が頼んだもの

Duck Hash	$17
Brunch Burger	$16

ATCHAFALAYA RESTAURANT

📍 901 Louisiana Ave
☎ 504-891-9626
HP http://www.atchafalayarestaurant.com/
📷 @atchafalayafood

謎の赤いドレス…

朝食に向かっている途中に赤いドレスを着た人たちを見かけました。女性だけではなく、なんと男性も！調べてみると、その日は毎年恒例の「Red Dress Run」というチャリティイベントが開催されていました。地元の人々が赤いドレスを着てフレンチクオーターを走るらしく、朝から大騒ぎらしいです。私たちも赤いドレスを着ないと！と思い、朝食後にROSSで衣装ショッピング！目立ちたがりのおさるさんも赤いワンピースを買いました（結局着なかったけどw）。Red Dress Runは午前中で終わってしまいましたが、夜は「Dirty White Linen Night」といって白い服でフレンチクオーターのアートギャラリーを巡るイベントをやっていました。ニューオーリンズのことだからMardi Gras以外にも年中様々なイベントがありそうですよね。行く前にはイベント情報を調べてみるのもいいかも！

How do I look?

bilingirl_chika #NewOrleans #reddress #レッドドレス・ランに便乗してRossで買ったワンピース #肩に穴空いてるよ #知ってる #こういうのが好きなの!

南部のサザン・ホスピタリティ！

「南部は治安が悪い」とよく聞きます。横断に行く前にも「危ないから気をつけてね」と周りから注意されました。確かに統計などを見ると犯罪発生率は高いようです。ただ、私たちが訪れたニューオーリンズの印象は真逆でした。黒人の比率も高くマジョリティーであることから、自分たちの居場所がしっかりある感じで、フレンドリーな雰囲気が流れています。そして、アメリカ南部には「サザン・ホスピタリティ」という、おもてなしの文化があります。ニューヨークやロサンゼルスなどの都会のお店だと無愛想なセキュリティーの人まで、ここでは笑顔で迎えてくれましたし、歴史ある高級レストランのウエイターは、黒人文化によって生まれたニューオーリンズの「クレオール料理」に誇りを持ち、丁寧に接客してくれました。

サザン・ホスピタリティを味わえるファイン・ダイニング

ウーバーの運転手さんに "Do you know any good gumbo places?"（美味しいガンボが食べられるお店知らない？）と聞いてオススメしてもらったお店。素敵な雰囲気でニューオーリンズ名物も楽しめました☆

MR. B's BISTRO.

- 201 Royal St, New Orleans, LA 70130
- 504-523-2078 ⓞ @mrbsbistro
- HP http://www.mrbsbistro.com/

ちなみに、ニューオーリンズは "The Big Easy" というニックネームがあります。由来には諸説ありますが、ニューオーリンズの競馬はコネさえ持っていれば「簡単に大きく」儲けられることからそう呼ばれるようになったとか。ニューヨークの The Big Apple も実は競馬に由来していると言われており、賞金の大きい大規模なレースが行われていたニューヨークは競馬関係者の憧れで、みんなが欲しい「大きなりんご」という意味で名付けられたらしいです。また当時ライブ演奏できる会場が沢山あり、売れないミュージシャンでもニューオーリンズなら仕事を簡単に見つけられるということから、大きな都市なのに簡単に働ける = Big Easy と呼ばれるようになったという Jazz に由来した説もあります。現在では、Easy = easy going、気楽でケアフリー、何もかも忘れてその瞬間をただただエンジョイするニューオーリンズのスピリットを連想する人が多いかも☆

お墓が観光スポット??

アメリカの墓地は土葬がほとんどですが、ニューオーリンズのお墓は少しユニークで地上にあります。ゴージャスな雰囲気からバンパイヤ映画のロケなどでもよく使われています。ニューオーリンズの街は、市街地の大部分が海抜0メートル以下にあります。水害も多く浸水がよく起きるため、土の下に埋めた棺桶は動いてしまうとか！そのような地理的な背景からこのようなユニークな墓地が生まれたらしいです。墓地を観光するのもちょっと…と思うかもしれませんが、歴史や怪談を聞きながら回れるCemetery tourも沢山あります！

LAFAYETTE CEMETERY NO.1

📍 1416-1498 Washington Ave

夜はFrenchmen Streetで Jazz Bar巡り！

食後はジャズを聴きにライブハウスやクラブで賑わうFrenchmen Streetへ。一番端に見つけたお店からパワフルな女性の歌声が聞こえてきたので入ってみたらすごい盛り上がり☆。ナッシュビルの「ホンキートンク」で聞いたしっとり目のカントリーミュージックとは違って迫力のあるエネルギッシュなパフォーマンスでした。Otis Day and the Knightsの『Shout』に合わせてお客さんも叫びながら踊っていました。女子会で来たら楽しそう！

BALCONY MUSIC CLUB

📍 1331 Decatur St ☎ 504-301-5912
HP http://www.balconymusicclub.com

ニューオーリンズは占いでも有名！ |#605

ニューオーリンズは、アメリカで最も霊感の強い都市といわれており、フレンチクオーターのジャクソンスクエア前には沢山の占い師が並んでいます。アメリカで占ってもらうのも面白いかなと思って、絵的に一番占い師っぽかったMadame Erzulieに見てもらうことに（適当すぎ?）。手相占いと骨を振って（なんの骨なのかは怖くて聞けなかったw）落とした時の並びでその人の将来が見えてくる「アフリカン・ボーンズ占い」をしてもらいました。「$20以上ならいくらでも」という不思議な料金設定w。今後の働き方について迷い気味だった私には Just do it!! とのアドバイス。でも、本当にそう。やってみないとわからないことをいつまでも考えていても、なんの答えも出てこない。Just do it!!

MADAME ERZULIE

📍 Chartres Street
（Jackson Squareの裏）

街のど真ん中で結婚パレード?!

フレンチ・クオーターはとにかく賑やかで、赤いドレスのよっぱらい達がワイワイしていると思いきや、「え? なに? ウェディング??」と新郎新婦が家族や友達をリードしながら街中を踊りながらパレードしているじゃないですか! 最近、ニューオーリンズ式ウェディングでは、セレモニーからレセプションまでの移動にパレードを取り入れるカップルが増えているそうですが、もともとは結婚式ではなくJazz Funeralというお葬式で行っていた伝統だったとか! 当時、黒人のコミュニティに保険や葬儀サービスを提供していた団体が宣伝も兼ねて主催していたらしいです。葬儀場へ向かう際にはしんみりとした演奏でお別れの悲しさを表し、帰りはその命を祝う明るい音楽で。更に、そこから生まれたのがSecond Line Paradeの文化。ファーストラインは故人の遺族および関係者、セカンドラインはブラスバンド、そしてその音楽に連れられて参加する街の人々のことを指しました。19世紀後半には、セカンドラインが独立して、お葬式など関係なく、街の様々な団体や組織が(そして今は結婚式でも)ブラスバンドのパレードを主催し、街中の人々も参加するSecond Line Paradeになったらしいです。

行きたかったスポット

CAFE DU MONDE

ベニエというハワイのマラサダと沖縄のサーターアンダギーを足して2で割ったようなスイーツで有名なカフェ。店内は狭く、外の広いテラスが賑やか。昼間は激混みですが、夜に行ったらなんとか席をゲット! でもなんとcash only… 二人とも全く現金がなかったので諦めて次の日に再チャレンジ! 翌日行ったら人が多すぎてなかなか座れない…。再び諦めて別のカフェでベニエを食べました。普通に美味しかったけど、マラサダほどではないかな〜? 今度は「カフェドゥモンド」のベニエを食べてみたい!

📍 800 Decatur Street
☎ 504-525-4544
HP http://www.cafedumonde.com
📷 @cafedumonde

アメリカ版「ベタ踏み坂」？

I-10をヒューストンに向け走り辺りがオレンジ色に染まる中、前方に現れたのが…「え、これ登れるの？」と思ってしまうほど急な坂。Westlake Bridgeという、ルイジアナ州のチャールズ湖に架かる橋でした。

疲れた夜は フォーで癒される！

ホテル周辺で開いているお店はドライブスルーのチキン屋さんぐらい。アジアン料理が恋しくなり、車で30分かけて、フォーを食べに行きました。フォー屋さんは中華の次にどこに行ってもあるので、あっさりしたアジアンテイストの汁物が欲しくなった時にはGoogle Mapsでphoを検索してみてください！

キャンピングカーがずらり！

アメリカの車のディーラーには必ず国旗が。このようにとんでもなく大きな星条旗から、小さなものが100本ぐらい並んでいる場合も。車と家はアメリカンドリームの象徴ですからね！ちなみに、キャンピングカーは英語でRV（recreational vehicle）もしくは、camperと呼びます☆

TEXAS

90 **10** **90**

Houston
ヒューストン

Tomorrow is going to be the best day ever!!

世界最大のロデオイベント

ヒューストンに着いたのは夜の10時頃。ダウンタウンから少し離れたところで、NFLのヒューストン・テキサンズの本拠地・NRGスタジアムのすぐ近くでした。このスタジアムでは、毎年2月下旬から3月上旬にかけて、世界最大のロデオイベント「ライブストック・ショー・アンド・ロデオ」が開催されています。子供が羊に乗るロデオもあり、その方が大人のロデオより歓声が大きいということなので、ぜひそれも観てみたいものです。週末は様々なところで、ロデオが開催されているので、事前に調べてみてください！残念ながら僕らがヒューストンに訪れたのは平日だったので、ロデオ巡りは次回に！

全米NO1お化け屋敷!?

I-10でミシシッピ川を渡る手前に「13th Gate Haunted House」というお化け屋敷があることを、この原稿を書くにあたって、改めてルートを見直している時に発見しました。全米で最も怖いとも言われるお化け屋敷で、特殊メイクを施したキャストが、現実と非現実の境目がつかなくなるよう恐怖の世界に誘ってくれるそうです。事前にもっと調べていれば、寄れたのに…悔しい。

HP http://midnightproduction.com/13thegatestory.htm

New Orleans to Houston
Distance（距離）：560 km
Time（時間）：5 hrs 30 min
ピックアップトラック、星条旗、ザ・アメリカに突入！

Baton Rouge

New Orleans
ニューオーリンズ

(90) LOUISIANA

ピックアップに囲まれて！

テキサスに入って感じるのは、車のピックアップトラックの比率がめちゃくちゃ多いこと！半分はピックアップトラックと言っても過言ではないぐらい。

インターステート・ハイウェイI-10でヒューストンまで！

I-10は、ロサンゼルスへ繋がっている道であり、ゴールが少し身近に感じられて嬉しくなりました。ただ、ニューオリンズという刺激的な街を離れる寂しさの方が強く、水辺が見える湿地帯特有の景色が少しずつ消えていくことに、アクセルを緩めたい気分になりました。

Houston

NASAでおさるさんが大興奮！ |#611

ヒューストンといえばNASA。小学生の頃、宇宙飛行士になりたくて宇宙飛行士に手紙を書いたというおさるさんたっての希望で「NASA」の施設に行きました。

➡ここからは、僕が解説させて頂きます！
NASA・ジョンソン宇宙センターは、有人宇宙飛行関する訓練、研究および飛行管制を行う施設で、一般開放されている施設もあり、見学することができます。

Here!

FACT FILE	
State（州）	Texas（テキサス州）
Capital（州都）	Austin（オースティン市）
City（都市）	Houston（ヒューストン市）
Population（人口）	約2,303,000人

3133 km

- ▶ GOAL！

スペースシャトルに感激！

まず、駐車場に着くなり度肝を抜かれたのが、実物大のスペースシャトルのお出迎え。しかも、シャトル輸送機の上に乗っている!! 園内に入れば、スペースシャトルを間近で見ることもでき、内部の見学もできます。それにしても、シャトルを運ぶために、ジャンボジェット機の上に乗せてしまう発想は、いかにもアメリカ人らしい! ちなみに、2012年カリフォルニア科学センターに展示されるために、ロサンゼルスにやってきた輸送機とシャトルは、ロサンゼルスの人々に披露するかのように上空を2周旋回したと、LAに住む方から聞いたことがあります。そういった演出をするところもアメリカっぽいですよね。

アポロ計画の時代へ
タイムスリップ

話をジョンソン宇宙センターに戻しますと…。僕らはジョンソン宇宙センター内を見学することのできるトラムツアーに参加しました。トラムツアーには管制室を見学するコースと宇宙飛行士訓練施設を見学する2コースがあり、今回は管制室を見学する「Blue tour」に参加しました。ツアーで最初に訪れたのは、アポロ計画で使われていたミッションコントロールセンター（管制室）。アポロ11号の月面着陸成功、13号を地球に帰還させるという困難なミッションも、すべてこの管制室から行われました。この部屋は、置かれている資料まで、すべて当時のまま保存されている"本物"です。唯一当時と異なるのは天井。1960年代は室内でタバコが吸うことができたため、天井がヤニだらけになっていたため交換したとのこと。確かに当時の映像を見ると、皆タバコを吸っていますもんね〜。ツアー客が座る席は、VIP観覧用席で、当時は大統領も座っていたとか。歴史を肌で感じることができます。

オススメの映画

『アポロ13』
トム・ハンクス主演。酸素、電力が消え行くアポロ13号の地球帰還を描いた物語。

『Mission Control: The Unsung Heroes of Apollo』
アポロ計画に携わった管制室側のドキュメンタリー映画。行く前に観たかった…現在はNetflixなどで観ることができます。

『Hidden Figures』（邦題『ドリーム 私たちのアポロ計画』）
人種差別が色濃く残っていた1960年代に、白人男性だけのNASAの職場で奮闘し、有人宇宙飛行計画に多大な貢献をした黒人系女性スタッフの知られざる活躍を描いた伝記ドラマ。ケビン・コスナーがめっちゃ良い人!

今も忘れられぬ
スペースシャトルの事故

ミッションコントロールセンターを後にしたトラムは、園内のある場所でスピードを落とします。そこには、何本かの樹木が植えられています。これは、スペースシャトルで命を落とした乗組員を慰霊するための慰霊樹です。スペースシャトル・チャレンジャー号の爆発をテレビで見ていた僕は、爆発で飛び散った破片を見ながら『どうか乗務員室は無事で!』と祈ったことを鮮明に覚えています。なお、動画を作るにあたって資料を調べていて知ったのですが、チャレンジャーが爆発した瞬間、乗務員室は破損しておらず、海面に落下するまでの間、飛行士たちはものすごいスピードで落下する中、懸命に操作をしていたことが調査で分かっています。NASA主任調査官ロバート・オーバーマイヤは、後にNBCの取材に対し、「スコビー船長は生き残るため

にあらゆる努力をした。彼は落下する間ずっと翼も持たずにあの船を飛ばしていた・・・彼らは生きていたんだ」と語っています。また、海中での遺体回収中、一人の飛行士の遺体が流されてしまいました。スペースシャトル最初の宇宙飛行士で、後にケネディ宇宙センターの責任者となるロバート・クリッペン宇宙飛行士は、仲間の遺体を捜索するべく、自分で釣り船を借り、彼の遺体を捜し続け、ついには遺体を回収しました。

巨大なサターンVロケットをボランティアが解説

トラムツアーの最後は、アポロ計画で使用されていた、サターンVロケットの実物の見学です。月に人間を送るためには、これほどまでに大きいロケットが必要だったことに誰もが驚くと思います。そのロケットの傍らに、年配の女性がボランティアで30分かけて、手作りのロケットの模型を使い、発射、月面着陸、帰還までを分かりやすく解説してくれます。知らなかったことばかりで、とても興味深く、皆さん真剣に耳を傾けていました。このツアーに限ったことではないのですが、アメリカのガイドさんの語りはすごく上手。ちょくちょくユーモアを入れて、聞き手を飽きさせません。英語が分からないので2%ぐらいしか理解できないのが…残念でなりません。サターンVロケットの横には、アポロ計画の概要と宇宙飛行士のメッセージが書かれています。その中でグッときたのは、訓練中の事故で亡くなったアポロ1号のガス・グリソム船長の言葉

「We are in a risky business, and we hope that if anything happens to us it will not delay the program. The conquest of space is worth the risk of life.
(僕らは危険な仕事をしている。もし、僕らに何かがあったとしても、このプログラムに支障がないことを願う。宇宙の開拓は、命を掛けてでもやるべきことなのだ)」でした。

行きたかったスポット

LEVEL9 TOUR

ジョンソン宇宙センター究極のツアーがこれ! 参加には事前予約が必要で、一日限定12人までしか参加できません。NASAのスタッフがガイドをしてくれて、トラムツアーでは入れない場所も見学することができます。トラムツアーの途中、Level9 Tourの方々を見かけたのですが、ミッションコントロールセンターでは、トラムツアー

が観覧席に座って説明を聞くのに対し、Level9 Tourでは実際の管制室の中まで入っていました。羨ましい! チケットはWebサイトから予約、購入が可能です。参加の条件は14歳以上であること、そして説明をヒアリングできるだけの英語力があること。英語を勉強して、いつかこのツアーに参加してみたい!!

さすがテキサス！
BBQの看板が沢山！

120台の給油機！

ヒューストンの郊外を走っていて何度か見かけたのが、ビーバーがマスコットとなっているBuc-ee's（バッキーズ）というガソリンスタンド。広大な敷地に数え切れないぐらいの給油機が並んでいるのです。多いところでは120台もの給油機があるガソリンスタンドもあるとのこと！なお、このBuc-ee's（バッキーズ）はテキサス生まれのガソリンスタンドなのですが、創業時から「清潔なトイレ」を誇っており、「全米一清潔なトイレ」に認定されているほどです。今回は残念ながら寄れなかったので、またヒューストンに行くことがあったら、寄ってみたいスポットの一つです。

There's our
Airbnb!

Austin
オースティン ●——

Garfield

COLORADO RIVER

Houston
ヒューストン

Sealy

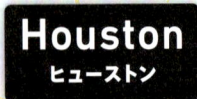

F1が開催されるコースを走る

F1アメリカグランプリが開催されるサーキット「Circuit of the Americas」がオースティンにあります。アメリカらしい派手な演出のもとで開催されるF1、観てみたいな〜。ちなみにそんな、コースをAudiのR8で走れるプログラムがあります。インストラクターの指導のもと、F1やWECが走るコースを走ることのできるプログラムは、お値段995ドル。さらに2日間にわたりプロの講師から徹底的なトレーニングを受けるプログラムもあり、お値段は49,965ドルとなっています。ご興味とお財布に余裕のある方はオフィシャルHPをご覧になってみてはいかがでしょうか？

田舎道を走っていて思った
…アメリカは空が低い？

アメリカ…特にテキサスを走っていて思うのが、アメリカは空？雲が日本より低い位置にあるように感じます。だだっ広くどこまでも空が見えることから、錯覚でそう見えるのか？それとも実際に雲が低い位置に発生しているのか？専門的なことは分かりませんが、そう感じます。

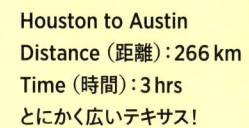

Houston to Austin
Distance（距離）：266 km
Time（時間）：3 hrs
とにかく広いテキサス！

O N
T H E
R O A D
by Osaru-san
#615

ヒューストンはすべてがデカい！

広大？雄大？巨大？高速道路の車線もたくさんあれば、ジャンクションも大きい！Everything is bigger in Texas（テキサスはなんでもより大きい!）とよく言うのですが、It's so true!

ちょっと変わったサンドイッチ屋さん

早めにオースティンに向かうため、ランチはto-go! メニューボードを見ながら、紙袋に自分のお好みプリートを書き込んで注文するお店でした！ その名も、Which sandwich（どのサンドイッチ？）を省略したWhich Wich!

⑩

NASA T-Shirt!

Everything is bigger in Texas!

テキサスのカーディーラーは旗が大好き!?

アメリカ全土に言えることなのですが、ビルや施設の入り口をはじめラルフローレンのセーターに至るまで、至るところで国旗がはためいています。特にヒューストンでは、国旗に加えテキサス州の旗もはためき、カーディーラーなどは、大漁旗を掲げながら初漁に出る船団のような状態です。

DAY 18

オースティン

Austin

インスタの時代にぴったりなアートな都会！

テキサスの首都オースティン、牛がいたりカウボーイがいたり、これぞテキサス！という街かと思いきや（ものすごい偏見…）、とてもアーティスティクな大都会でびっくり！高層ビルも沢山建っていますが、オフィス街のすぐ側にコロラド川が流れていて、両側にはdog friendlyな公園も。ワンちゃんたちが川に出入りできるようなスポットも沢山。中心街から少し離れるとフードトラックや

ストリートアートも楽しめます。刺激もありながら、暮らしにもフレンドリーな印象で正直住んでみたくなっちゃいました！

Here!

FACT FILE	
State（州）	Texas（テキサス州）
Capital（州都）	Austin（オースティン市）
City（都市）	Austin（オースティン市）
Population（人口）	約947,000人

3399km

▶ GOAL !

bilingirl_chika #Austin #austinglamping #motelcamper #でた #段差テク #これだけ
短いショートパンツを履いてれば少しは長く見えるよね

個性的な Airbnbが多い！ #592

オースティンのAirbnbを検索すると最近はやりのモーターホームの宿が沢山出てきます。アメリカのお家は庭が広いので、裏に「離れ」を作ったり、モーターホームを置いて気軽にAirbnbをしてる人が結構います。私たちが泊まったAirbnbは、庭にモーターホームが2台、それにユルトという円型テントまでありました。全てホストのクリスとクリスのお姉さんが作ったとか！無料でプロジェクターを貸し出してくれて、夜はアウトドアシアターを楽しめちゃいます！ホストが置いていってくれた虫除けスプレーをかけまくりw。ホールフーズで買ったティラミスを食べながらネットフリックスで「House of Cards」を観ました☆

Airbnb: AUSTIN GLAMPING

HP http://www.airbnb.com/rooms/11369999

Dinner time!

スーパーでこんなに豪華なディナーが食べられるの？ #623

オースティンはアメリカの人気なグルメ・スーパー「Whole Foods Market」発祥の地。シアトルにも数店舗あり、以前動画でもシェアしました。でも、さすが本拠地！オースティンのWhole Foodsはワンランク上！フラグシップストアとして、かなり気合いが入っています。普通のWhole Foodsでもお惣菜コーナー、そして買ったものをその場で食べられるダイニングエリアはありますが、オースティンのストアには、店内にいくつものレストランが！売り場ごとに本格的なお店が溶け込むように設置されています。鮮魚売り場には、新鮮なお魚をグリルしてくれるSeafood Restaurant、お酒売り場にはワインバー、ローカルの食材を楽しめるレストランもあります。そして何が楽しいかと言うと、スーパーで売っている飲み物やお惣菜、デザートなどを持ち込んで最後に一緒にお会計ができるんです！

Whole Foods Lamar Store 5TH STREET SEAFOOD

📍 525 N Lamar Blvd.　☎ 512-542-2200
HP https://www.wholefoodsmarket.com/stores/lamar
📷 @wholefoods

私達が頼んだもの

Build Your Own Plate
- Market Price　　　　　　　　（$15〜$20）

Black Drum with garlic butter
（メキシコ湾で獲れる白身魚、
　味薄めなのでソースは濃いのがオススメ）　$16

Salmon with spicy avocado pesto

bilingirl_chika #Austin #bats #coloradoriver #amazing #本当にすごかった #コウモリ好きになった #幸運のおしっこをかけてくれてありがとうw

全く期待していなかったのに、感動してしまったコウモリクルーズ！ |#616

オースティンの観光情報を検索していたら「Bat Watching Cruise」というものを見つけました。コウモリ（汗）…苦手…でも、クルーズは楽しそうだな…街の風景も色々と撮れそうだし、行ってみよう！と直前にネットで予約。オースティンの中心街を流れるコロラド川のCongress Avenue Bridgeの下には150万匹のコウモリが住んでいます。夜になると食べ物を探しに一斉に飛び立つため、夕方の出発のタイミングに合わせて観光をしながらその橋に向かいます。

毎回見えるわけではないみたいですが、その日は完璧なタイミングで橋の下から何万匹もの赤ちゃんコウモリが飛び立っていきました。それはもう、今までに見たことのない光景！オースティンの真っ赤な夕日をバックにたくましく飛んでいくコウモリたち。なんか格好良かったです。あんなに気持ち悪いと思っていたのに…。ちなみに、途中で雨が降っているかと思ったら、それはコウモリのおしっこでしたｗ。でも、大丈夫！幸運らしいので！

So beautiful!

LONE STAR RIVER BOAT

● 期間 3月～10月

○ 1時間、大人 $10、子供 $7（2才以下は無料）

HP http://lonestarriverboat.com/
　　bat_watching_sunset_cruises.html

これぞテキサス！これぞBBQ！ |#672

ちか友、そしてAirbnbのホストにも薦められたBBQ屋さん。オースティンの中心からは少し離れているのですが、街中ではなかなか体験できない規模感とコスパ！まず、お店が大きすぎて、入り口がなかなか見つかりませんｗ。お店に入ると巨大なBBQピットがあり、何人もの店員さんが次から次へとお肉を焼いていきます。これぞテキサス‼ プレートを頼むと、お好みのお肉にコールスロー、ポテト、そしてBBQビーンズが付いてきます。BBQビーンズ、日本ではなかなか食べない味なので是非！個人的には大好きです☆

SALT LICK BBQ

📍 3600 Presidential Blvd　☎ 512-530-2900

HP https://saltlickbbq.com/　📷 @saltlickbbq

私達が頼んだもの

Pork Ribs Plate	$12.95
Brisket Plate	$16.95

HEY CUPCAKE

- 1511 S. Congress
- ☎ 512-476-2253
- ℍℙ https://www.heycupcake.com/
- ⓘ @heycupcakeatx

オースティンは
フードトラックが多くて有名！ #672

オースティンはフードトラックが多くて有名！ 特にタコスを売っている Taco Truck が多く、Torchy's という有名店では激辛タコスを味わえます。Torchy's は torch（たいまつ）という言葉からのネーミングで、要は、炎のように辛いという意味です。本当に、本当に炎のように辛かった〜!! 汗がびっしょり出るぐらい！ 辛い物好きの方には、ぜひトライしてみてほしいです！ 思わずインスタに載せたくなる可愛い food truck（？）も発見！ レモンの形の Lemonade スタンドと大きなカップケーキが屋根に乗っかっている cupcake truck！ 真夏のオースティンにレモネードはたまらない！ Frozen lemonade slushy もシャキッと冷たくていいですよ☆。辛いタコスを食べた後、レモネードでクールダウンして、甘くてふわふわのカップケーキでお口直しでもどうぞ！

AUSTIN CITY LEMONS

- 1511 S Congress Ave
- ☎ 512-569-1000
- ℍℙ https://www.austincitylemons.com/
- ⓘ @austincitylemons

私達が頼んだもの

Tacos: Bottle Rocket Shrimp

Cupcake: Vanilla Dream & Sweet Berry

Lemonade

TORCHY'S TACOS

- 1311 South First St ☎ 512-916-9235
- ℍℙ https://torchystacos.com/location/trailer-park/
- ⓘ @torchystacos

Spicy!

アメリカのデニーズでがっつりブレックファースト！ | #672

デニーズといえば日本ではハンバーグやマグロ丼とうどんの定食セットなどがあるファミレスですが、元々はアメリカのダイナーだって知っていましたか？ 大学生の頃、友達と夜遊びしてお腹が空くとパンケーキを食べにデニーズによく行ってました。アメリカのデニーズでは、24時間ブレックファーストが食べられるんです。朝食メニュー以外にサンドイッチやハンバーガーなどもありますが、私は朝食しか食べたことがないです。とびっきり美味しいわけではなく、普通のダイナーですがw。ザ・アメリカンな感じを味わうのと、日本のデニーズとの違いを体験してみるのも面白いと思います☆

アメリカの朝食で一番好きなのはソーセージ！日本のウィンナーとはまた全然違う歯ごたえと味。そのソーセージをパンケーキの上から溢れたシロップにディップして食べるのが大好きです！しょっぱいものと甘いものの組み合わせ、最高！ちなみに、私たちが立ち寄ったオースティンのデニーズは、外観がものすごくレトロでちょっと特別感！「なにこのデニーズ?!」と思わず入りたくなりました。内装も昔ながらのダイナーな雰囲気を楽しめます。昔よく見ていた『Saved By the Bell』という学園ドラマに毎回出てくるカフェテリアに似ててちょっとテンションが上がりました！この雰囲気の店舗はなかなかないですが、デニーズ自体はアメリカ中にありますのでオースティンに限らずぜひ行ってみてください☆

DENNY'S

📍 1601 S IH 35 Frontage Rd
☎ 512-499-8700
ℍℙ https://locations.dennys.com/
📷 @dennysdiner

私達が頼んだもの

Supreme
Skillet $7.79

Double
Berry Banana
Pancake $5.99

Philly Cheese
Omelette $9.49

誰もがアーティストになれるギャラリー | #672

ウォールアートやカラフルなfood truckでインスタ映えするスポットだらけのオースティンですが、一昔前はストリートアートにとても厳しい街だったらしいです。でも、アーティストたちが諦めず、消されても描いては、消されても描いては（日本の感覚だとダメじゃない？って感じですけどw）を続けているうちに徐々に受け入れられるようになり、今は街の個性として尊重されるようになったとか。その中でも人気な「Hope Outdoor Gallery」は、落書き天国！誰でもがgraffiti artistになれる場所です。一度描かれたgraffitiはどんどん塗りつぶされていくため、毎日絵が変わり、同じウォールは2度とない日々進化していくアートスポットです。

HOPE OUTDOOR GALLERY

📍 1101 Baylor St
ℍℙ http://hopecampaign.org/

偶然見つけたBalmorhea State Parkの川の
プール！動画にも出て来る、日本語で話しかけて
くれた男性に撮ってもらったレアなツーショット！

結局寝たのが夜中の3時ぐらい。疲れて果て
ていたので、車中泊でもぐっすり眠れて、意
外とすっきり目覚めました。朝は近くのガソリン
スタンドでwindow washing！昨日の長〜い
ドライブでひどいことになっていました！

Let's get you cleaned up!

🛣 **10**　　285

Fort Stockton

Marfa
マーファ

285

TEXAS

MEXICO

🛣 **10**

なかなか行かないだろうけど、
行ってよかった

川のプールを後にし、州道17号でマーファへ。
特に有名な道でもなく何の期待もなく走ったこ
の道ですが、両サイドには、青々とした緑と程よ
く高い山々、程よくクネクネで、ドライブしていて
気持ちよかったです。川のプールもそうなんです
が、この辺りにはリラックスした雰囲気が流れて
いて、なかなか行くこともないだろうけど（笑）。
ぜひ行ってほしいエリアです。

なぜこの田舎街で？謎のままですが、駐車場はピック
アップトラックだらけだったので、近くで大規模な工事
などが行われていたのかな〜と。仕方なく、車の中で
寝ることに。Tシャツをカーテン代わりにして、自家製ス
イートルームで就寝しました。これも良い思い出です。

Austin to Marfa
Distance（距離）：750 km
Time（時間）：7 hrs 30 min
まさかの車中泊！

BBQ!

Dallas

ミッミッ！ ロードランナーに遭遇⁉

州道17号で道路を猛スピードで横切る動物の姿が目に飛び込んできました。長い尾っぽから、イタチ？ かと思いきや、道路を渡りきった後に羽ばたいて飛んでいった！ 鳥？ ということは「バックスバニー」に登場するミッミッ！（正しくは Beep! Beep!らしい）と鳴く、ロードランナー⁈ 和名は「オオミチバシリ」といい、アメリカ南西部からメキシコ中部にかけての草原や砂漠などに生息し、発達した脚で地上を36km/hのスピードで走り、短い距離であれば、飛ぶこともできるそうです。

長いトライブに備えて、テキサスらしいスタミナ満点ランチ！ いや、こんなの食べたら眠たくなるだけ…

(377)

(377) (87)

Austin
オースティン

San
Marcos

CARPOOL KARAOKE!

2人で90年代の洋楽を合唱しながらドライブしたルート！『Livin' La Vida Loca』♪

No vacancy?!

想定外の車中泊

オースティンからマーファまで行くのは難しいと思っていたので、行けそうな場所まで行って、その周辺でモーテルに泊まろうと思っていました。I-10で見つけた、いくつものモーテルが建ち並ぶ街、フォートストックトン。なんと！ どのモーテルも満室！ 10軒ほど回りましたが全滅。

DAY 20

マーファ

Marfa

セレブもお忍びで訪れる謎多きマーファ

当初の横断ルートには入っていなかったのですが、ニューヨークで知り合った方がオススメしてくれたマーファという街。何からも遠く、どこからもアクセスが悪いのですが、こんなところにびっくりするほどおしゃれなカフェやレストラン、個性的なランドアートが沢山あり、多くのセレブもバケーションで訪れるとか。ミニマリスト・ムーブメントの先駆者 Donald Judd というアメリカの有名なアーティストが 1970 年代にニューヨークのアートシーンを捨て、マーファに移住したことがこの街の始まりだったそうです。余計なものは省き、すっきりしたラインを使うというミニマリストの手法で、テキサスの雄大な自然と土地を使い数々のランドアートを生み出しました。

Here!

FACT FILE	
State（州）	Texas（テキサス州）
Capital（州都）	Austin（オースティン市）
City（都市）	Marfa（マーファ）
Population（人口）	約1,900人

4149 km

- ▶ GOAL！

bilingirl_chika #Balmorhea #Marfa #river #pool #blueskies #perfectday #背中のプニュ #運動しないと #正面からの写真は無理だったｗ #気にしない気にしない #loveyourbody #でもケアはしないとね

魚と泳げる川のプール！ | #626

想定外の車中泊の翌日、シャワーも浴びたかったのでネットで見つけたプールに行くことに！ 実は、グーグルの関連画像に騙されてAustinの近くにある半洞窟の天然プール（Hamilton Pool）に向かっていると思っていたのですが…ナビに従って着いたのは「Balmorhea State Park」。外から見るとただの市民プール…あれ？ 勘違いに気づき、かなりがっかり…仕方なく中に入ったら、なんと川の一部でできているすごいプールだったんです！ 一見普通のプールですが、よく見ると魚が沢山泳いでいて、壁にはにょろにょろとした藻が生えている。そして何が不思議かというと、全く川臭くない！ ダイビングボードから元気よく飛び込む地元の子供から本格的なスキューバダイビングを楽しむ親子、朝練でトレーニングをしている国境警備隊の方もいました。プールで遊び終わったあと、ロッカールームでシャワーを浴びたのですが、おさるさんは朝練を終えたムキムキの警備隊のお兄さんたちと一緒になってしまったらしく、かなりドキドキしながらシャワーを浴びたとかｗ。

BALMORHEA STATE PARK

- 9207 TX-17, Toyahvale ☎ 432-375-2370
- HP https://tpwd.texas.gov/state-parks/balmorhea
- @balmorheastatepark

あのビヨンセも泊ったグランピング場！ | #628

マーファの不思議な世界観をもとにコミュニティ溢れる宿を作りたいという思いで地元の女性が立ち上げたおしゃれなキャンピング場。「Hotel Saint George」、「Hotel Paisano」、「Thunderbird Hotel」などのおしゃれホテルもありましたが、ちょっと冒険をしたくてここのモーターホームを予約しました。ロビーには現地のアーティストの作品が売ってあったり、外には自分でお湯を沸かすお風呂が、モーターホームに入ると手書きのメッセージとTシャツのプレゼントが用意されていました。オフの時間を大切にするというポリシーで、wifiが使えるのはロビーのみ。ネット依存症の私たちには不便でしたがｗ、完全にオフになってテキサスの自然を楽しむためには最高のスポットです。

EL COSMICO

- 802 S Highland Ave
- ☎ 432-729-1950
- HP https://elcosmico.com/
- @elcosmicomarfa

So refreshing!

bilingirl_chika #Marfa #PradaMarfa #Texas #middleofnowhere #なぜこんなところに #プラダ

平日の観光は要注意！ |#628

小さな街ですがおしゃれなレストランがちょこちょこあるマーファ。でも要注意！平日はお休みしているお店も沢山あります。中には木曜〜日曜日しか営業していないレストランも（汗）。何もない平日に行ってしまった私たちは、ホテルのレストランなら空いているはず！と思い、「ホテル・セイント・ジョージ」というブティックホテルで食事をすることにしました。シックでモダンなインテリアですが、こちらのホテルはなんと1886年に建てられたもので、1929年のリニューアルオープン当時に作られたコンクリートの床、レンガの壁、大理石のカウンターや鉄のドアをそのまま活かしてリノベーションされているんです。こんな田舎にこまでおしゃれできちんとしたホテル＆レストランがあるのが不思議w。本当に謎の街、マーファ。

HOTEL SAINT GEORGE

📍 105 South Highland Ave ☎ 432-729-3700
ＨＰ http://marfasaintgeorge.com/
📷 @marfasaintgeorge

PRADA MARFA
📍 US-90, Valentine

ど田舎にある本物のプラダ！ |#628

マーファに行ってみたい！と思ったきっかけでもあるこの不思議なプラダ。何もないテキサスの田舎に本物のプラダのコレクションが飾られているお店があります。こちらは2005年にミウッチャ・プラダ氏公認で作られたアート作品で、ニューヨークのチェルシーにあるアートギャラリーに飾られていたとある看板がインスピレーションになったとか。もともと芸術家の街であったSOHOが人気になり過ぎ、家賃が高騰していく中、多くのアーティストはチェルシーに移転。この現象をネタに、アーティストのMichael Elmgreen and Ingar Dragset が「Prada Coming Soon」（そろそろチェルシーにもプラダが来るわよ！）と皮肉的な意味合いで飾った看板が「Art Production Fund」の創業者の目に止まり、何もないテキサスにプラダのお店を置いたらどうなるのかを試してみようと「Prada Marfa」のプロジェクトが始まりました。結果、ネットでもかなり話題になり、人気ドラマ『ゴシップ・ガール』のセットにもPrada Marfaの看板が出てくるほど！今は多くのブロガー・インスタグラマーが一度は行ってみたい（けど超遠い）幻のフォトスポット。

行きたかったスポット

MARFA LIGHTS

マーファは街も謎ですが、空も謎！19世紀から多くの地元民が空に不思議な光を見たと証言し続けています。時には赤く、時には青く、白く光ることもあるらしいです。一体なんの光なのかは誰も分からない。おさるさんは、特にこのような都市伝説が大好きなので、いつかまたマーファに来ることがあれば行ってみたいです。

サンタフェに到着！

それまで真っ暗だった前方に、大きな街の光が見えてきました。でも、宿泊地はサンタフェの郊外にあり（汗）、残りあと47分も！

ドライブスルーではなくて??

「SONIC」というファストフード店。ここはドライブスルーではなく、ドライブイン！駐車場の一つ一つにメニューとマイクがあり、注文をすると、店員さん（carhop）が持ってきてくれて車内で食べるというシステム。50年代あたりに流行ったドライブインで、当時はウェイターさんが効率アップのためローラースケートで注文を持ってきてくれるところが多かったのですが、最近はあまり見かけなくなりました。

285

Santa Fe
サンタフェ

54

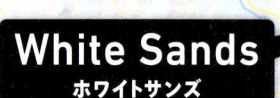

White Sands
ホワイトサンズ

70

1週間ぶりに新しい州に

ニューメキシコ州に入るとSan Augustin Mountainsの素晴らしい景色が迎えてくれました。真っ青な空、ふわふわとした入道雲、そしてその下に広がる黄緑の芝生。数日前に雨が降ったらしく、暑い砂漠の中のオアシスのようにみずみずしい風景でした！

NEW MEXICO

El Paso

MEXICO

ほぼメキシコ!

エルパソは、高速道路がカラフルでお店の看板などからもメキシコの雰囲気を味わえます！おさるさんが例の「フラッペティーノ」（笑）の注文にチャレンジしたのは、実はここの近くでした！

 10

 **90**

Marfa
マーファ

El PasoはEl Paso de Norte（The passageway to the north＝北への通路）から省略されたとか。

Marfa to White Sands to Santa Fe
Distance（距離）：927 km
Time（時間）：9 hrs
とうとうテキサスとお別れ！

リオ・グランデ沿いを走り、メキシコとの国境に接する
テキサスのエル・パソという街を通り、ちか友おすすめ
のホワイトサンズに立ち寄って、サンタフェへ！

ミニタイプの
car freshener は、
ちょっとしたおみやげに
オススメ！

楽しすぎるアメリカのコンビニ！

アメリカのコンビニは基本的にガソリンスタンドに併設され
ているフードマート。食べ物、飲み物、雑誌などが売られ
ていますが、テキサスで見つけた「Love's」というコンビニ
はおもちゃ屋や洋服、ホームセンターに売ってるような道具
などもあり、びっくり！ ホットドッグの種類も沢山！ オクラホ
マ州発祥のお店でアメリカ中にあるらしいですが、田舎に
あることが多いようで私は初めて知りました。

**おさるさんお気に入りの
LOVE'Sのビーフジャーキー！**

DAY 21
ホワイトサンズ

White Sands

アメリカ横断、最も感動した絶景！ |#633

ちか友にオススメいただいたホワイトサンズ。恥ずかしながら聞いたことがなく、画像検索をしてみたら、すごい場所！ここは行かないと!! ルートを急遽変更することにしました。砂漠といえば赤や茶色をイメージすると思いますが、White Sandsは純白の砂漠。真っ青の空の下に永遠と広がる白い砂。今回の旅で私が最も感動したスポットです。

Here!

FACT FILE

State（州）	New Mexico（ニューメキシコ州）
Capital（州都）	Santa Fe（サンタフェ市）
Location（場所）	White Sands National Monument（ホワイトサンズ国定公園）
Population（人口）	約1600人

4629 km
▼

- ▶ GOAL !

 bilingirl_chika #WhiteSands #favoritespot #gorgeous #endlesswhite #ビビッドな洋服
も映えるだろうけどこの白さの邪魔にならないように白がおすすめ #長く遊びすぎてビジターセンタ
ーのお土産屋さんに寄れなかった #悔しい

Love this place!

どこかに海があるのでは？と疑ってしまう白浜のような砂漠。ビーチではないんです。この不思議な砂は、ジプサム（石膏）という硫酸カルシウムがもととなっており、本来は水に弱くすぐ溶けてしまうのですが、何万年も前ここに深い湖があった頃、水よりも早いスピードで石膏が生成されたため、やがて湖の水が蒸発してしまった時には大量のジプサムクリスタルだけ残りました。何百年も経ち、残ったクリスタルは浸食によりこのような真っ白な砂になったみたいです。

撮影をしている時にトカゲを見かけたのですが、このトカゲは"bleached earless lizards"と呼ばれており、砂と同じぐらい真っ白でした。こちらのトカゲはもともと白かったわけではなく、敵に気づかれにくい色のものだけが自然と生き残っていくため、長年の進化の結果真っ白になったらしいです。

駐車場にはピクニックテーブルがいくつも並んであり、バーベキューを楽しんでいる家族もいました。子供達は、簡易なプラスチックのそりを使ってまるで雪遊びにように砂丘を滑っていました。私も滑りたかった〜〜！

DAY 22
サンタフェ

Santa Fe

アメリカ最古の街並み |#639

サンタフェは1607年に創設され、アメリカで最も古い都市の一つです。サンタフェの美しい自然と風景、そして歴史あるネイティブ・アメリカンの文化が多くの芸術家の興味を引き、今でも自然や伝統にインスパイヤされたアートが溢れる街です。丸角の可愛らしいアドビハウスにターコイスのドアや窓縁、真っ赤なチリペッパーの飾り物など、ビビッドなアクセントが本当に絵になる!

Here!

FACT FILE	
State（州）	New Mexico（ニューメキシコ州）
Capital（州都）	Santa Fe（サンタフェ市）
City（都市）	Santa Fe（サンタフェ市）
Population（人口）	約83,000人

5076km
▼

- ▶ GOAL !

アメリカで最も古い家 | #639

THE DE VERGAS STREET HOUSE

📍 215 East De Vargas Street

テレビ番組の『水曜どうでしょう』のファンの方ならご存知かもしれませんが、サンタフェにはアメリカで最も古い家の一つと言われている建物があります。「The De Vargas Street House」は1664年に建てられた家で、今でもびっくりするぐらいしっかりと建っています。外には修繕用の藁や泥が置いてあり、定期的にメンテナンスされている様子でした。一部は小綺麗なお土産屋さんになっており、おさるさんの『水曜どうでしょう』好きの弟さんにこの家のミニレプリカをお土産に買いました。最も古い家のすぐ近くにアメリカで最も古い教会「San Miguel Church」もあります。向かい側にあるベンチと壁がものすごく可愛いので、そこに座って写真を撮って、歴史ある教会をじっくり眺めるのもいいかも☆

SANTA FE INDIAN MARKET

📍 Historic Downtown Plaza
🕐 年に2回、8月と12月に開催

100年近くの歴史があるインディアン・マーケット！ | #639

サンタフェの街中に入るととっても賑やか。週末はこんなに多くの人が観光に来るんだ！と感心していたら、なんとその日は第96回目のインディアン・マーケット。毎年900人以上のアーティスト、15万人以上の観光客が集まる世界で最も大きいネイティブ・アートのイベントでした。ジュエリーやアート作品、陶器や雑貨を売っているブースが次から次へと。伝統的なダンスも見られたり、ライブミュージックを楽しめたり、何も知らないで行った私たちは圧倒されまくりw。ビーズのイアリングは自分にもお土産にもオススメ☆。誰々のお土産にいい！と耳に当てると、思わず自分が欲しくなってしまうから要注意w。カラフルな毛布やバッグなども欲しくなりますが、これは旅目。こういう時に買うものって大抵帰国すると「なんでこんなの買ったんだろう?」と思いますよね。今回買った毛布がそうでした。現地ではものすごくよく見えたんですけど、日本で広げて見ると違和感w。まあ、でもそれも旅の思い出ですからね☆。インディアン・マーケットは年に2回、8月と12月に開催されます。

サクサクで美味しい！
揚げパンを使った「インディアン・タコス」│#639

マーケットで最も楽しいのはやっぱりフェスティバル・フード！特にこのようなカルチャラル祭りは名物や伝統的な食べ物が沢山！私は周りの人たちが美味しそうに食べていたインディアン・タコスを頼んでみました。外はサクッと、中はふわっとした平たい揚げパンにひき肉、トマト、レタスのトッピング。私がメキシカンレストランでよく頼むTostada Salad Bowlに似ていて、ぺろっと食べちゃいました。これを書いてたら、久しぶりにメキシカン料理を食べたくなって、思わずネットで「都内メキシカン」を検索してしまいましたw。

Nice and crispy!

CASA ESCONDIDA
BED & BREAKFAST

📍 64 County Road 100 Chimayo
☎ 505-351-4805
HP https://casaescondida.com

手作りのオーブン料理で癒しの朝│#634

サンタフェで一番大きなお祭りが開催されていたため、サンタフェ中心部ではなかなかいい宿が取れず、車で40分ぐらいのところのベッド＆ブレックファーストを予約しました。ホワイトサンズでゆっくりしすぎて着いたのは夜中の2時頃（汗）。移動で疲れ果てていましたが、とっても可愛いコテージ風のお部屋で、サンタフェの暖かい色合いに癒されました。窓から覗き込む日差しと鳥の鳴き声で目が覚め、ベランダに出るとハチドリが元気よく朝食を食べていました。ブレックファーストを食べに共同のダイニングルームに入ると香ばしい甘い香り。手作りのBaked French Toast！オーブン料理ってなんか心が温まりますよね！日本ではなかなか見ないパテ型のソーセージ。これ美味しいんですよ！あ〜もう少しのんびりしたかったな〜。

行きたかったスポット

TEN THOUSAND WAVES

ちか友にオススメいただいたサンタフェの日本式温泉。予約が取れなくて諦めましたが、いつか行ってみたい！
HP https://tenthousandwaves.com/

KASHA-KATUWE TENT ROCKS
NATIONAL MONUMENT / テントロック国立公園

トルコのカッパドキアのようにテントのようにとがった背の高い岩が立ち並んでいる絶景スポット！

We're in 4 states!

アメリカでここだけ！4つの州境が交わる「フォー・コーナーズ」

国道160号線から少し入ったところに、ユタ州、コロラド州、ニューメキシコ州、アリゾナ州の州境が交わる場所があります。「フォー・コーナーズ」と呼ばれるその場所には州境が記されたモニュメントがあり、一瞬で4つの州を訪れることができるため、ちょっとした観光地になっています。

191
666
163
160
UTAH
COLORADO
160

Monument Valley
モニュメントバレー

ARIZONA
191
64
160
NEW MEXICO

タイムスリップ

運転しているうちに昔の旅の記憶が蘇ってきました。モニュメントバレーをバックに写真を撮ったことも。

あの時と同じ場所に立つ自分。変わりゆくものと変わらないもの。佇むモニュメントバレーの台地は、今の自分と昔の自分とが時空を超えて対話をする、仲介人となってくれました。

夫婦岩？

州道162号線から国道191号線に左折したところで、男女が額と額をつけ、今にもキスをするかのような形の岩がありました。「Twin Rocks」と呼ばれているようですが、日本であれば「夫婦岩」と名付けられていることでしょう。

この岩のように、これからもずっと夫婦仲良くしていきたいですね

Santa Fe to Monument Valley
Distance（距離）：586 km
Time（時間）：6 hrs 30 min
映画やCMなどで有名な岩が出迎えてくれる！

フォー・コーナーズでバイ
リンガールのカラーの
dream catcherをゲット！

Catch me a
big one!

160

電波がない！

サンタフェの都市部を出てから携帯
電話の電波がない！ 国土の広いアメ
リカでは、まだまだ携帯電話が使えな
い場所もあります。途中、標高の高い
場所でようやく電波を発見！ 車を停
め、SNSを急いで更新！

思い出のモーテル

モニュメントバレーの手前、
川のほとりに建つモーテル
「サン・ホアン・イン」。20年
近く前、大学生の時にこの
地を旅し、このモーテルに泊
まったことを思い出しました。
朝、赤茶けた岩と眼下に流
れる川を見ながら飲んだコー
ヒーは、薄かったけどやけに
美味しかったなー。

555

Santa Fe
サンタフェ

25

Albuquerque

84

285

DAY 23
モニュメントバレー

Monument Valley

アメリカの Road Trip といえばここはマスト！ | #640

モニュメントバレーは、ユタとアリゾナの州境に広がる地域で、メサ（スペイン語でテーブル）と呼ばれるテーブルのような形の台地や、ビュート（フランス語で小さな丘）と呼ばれる孤立したタワーのような岩などがあり、まるでたくさんのモニュメントが並んでいるように見える絶景スポットです。映画『フォレスト・ガンプ』で主人公のガンプが最後に走った場所としても有名ですよね。

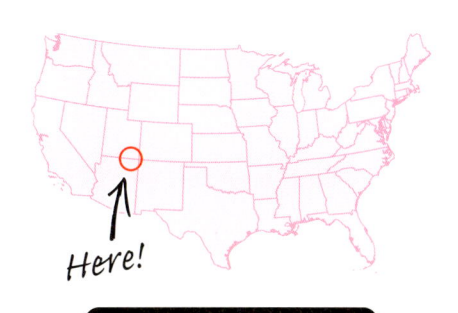

Here!

FACT FILE	
State（州）	Utah（ユタ州）
Capital（州都）	Salt Lake City（ソルトレイクシティ）
Location（場所）	Monument Valley（モニュメントバレー）
Population（人口）	約800人

5662 miles
▼

- ▶ GOAL！

ネイティブ・アメリカンの テントで宿泊！ |#645

モニュメントバレーでは、Airbnbで見つけた TeePee（ネイティブアメリカンのテント）に泊まることに！写真でイメージしていたより広々としていて、綺麗でびっくりしました。TeePeeは2つ、それ以外に普通のテントが4つほど張られているエリアもあり、全員が共同で使えるお手洗いとシャワーも。お手洗いのある建物は、できたばかりでとても綺麗なのですが、シャワーはまだ水しか出ませんでした。一泊だけだったので、シャワーは我慢しましたw。こちらのAirbnbを運営しているのは、Skye（スカイ）という20歳の男の子。お父さんがナバホ族の方で、お母さんがアイリッシュ系のアメリカ人。お母さんが住むコロラド州の学校に通っていたみたいですが、夏はお父さんが住むモニュメントバレーに戻り、つい最近Airbnbを始めたとか。

Airbnb: THUNDER BIRD TIPI

HP http://www.airbnb.com/rooms/19576819

ローカルに 連れていってもらった 最高のハイキング！ |#645

朝から撮影をしていたら、ホストのスカイが興味深く様子を見にきてくれました。YouTubeに動画をあげてることを話したら、ハイキングに連れていってくれると！岩が岩に寄りかかり涙の雫の形をしている絶景スポットやナバホ族の前にいたアナサジ族の遺跡など、特別なスポットを色々と紹介してくれました。実はこの日、アメリカの一部の地域で皆既日食が見られる日でした。モニュメントバレーは80%の部分日食だったので、暗くなるほどではなかったですが、不思議なぐらい涼しくなり、改めて太陽のすごさを実感しました。日食がなかったら、暑すぎてハイキングなんてできなかったかも！

 bilingirl_chika #TeardropArch #amazingspot #thanksSkye #涙の雫の形をしているから TeardropArch #こんな場所ある?? #この景色もすごいけどアーチの中から眺めるモニュメントバレーは最高に贅沢 #thebesthingsinlifearefree

レイク・パウエル到着

辺りは乾燥した大地にもかかわらず、なみなみと水を湛えたレイクパウエルは、アメリカで2番目に大きな人工湖。その長さは300kmにも及び、東京 - 名古屋間の距離に匹敵するというから驚きです。湖にはいくつもの船が浮いていて、中には豪華なクルーザーのようなものもあります。そこで1週間ほどバカンスを過ごす人もいるんだとか。

ホテルは国立公園の中にあるので、ホテルに行くにしても入場料を支払います。車の場合、1台につき25ドルです。7日間有効ということで、何度でも出入りOKです。年間80ドルで、アメリカの国立公園を利用できる年間バスもあります。

Horseshoe Bend
ホースシューベンド

LAKE
POWELL

89A

Antelope Canyon
アンテロープキャニオン（アッパー）

GRAND
CANYON
NATIONAL
PARK

89

ARIZONA

スクールバス

モニュメントバレーからレイク・パウエルへ向かう途中に見かけたスクールバス。学校なんて見当たらないような場所ですが、モニュメントバレーや、カエンタという隣町にも、小学校や高校があり、こうしてスクールバスで通学しているようです。毎日この景色を見ながら通学！慣れてしまうんでしょうけれど、観光でわざわざ何時間もかけて行く側からするとの贅沢に感じてしまいます！

UTAH

Monument Valley to Lake Powell
Distance（距離）：199 km
Time（時間）：2 hrs 30 min
まだまだ続くアリゾナの絶景！

Chika's turn
to drive!

(59)

ホースシューベンドとアンテロープキャニオンを観光
するため、私たちはレイクパウエルのホテルを予約しま
した。両方の観光スポットから車で30分も掛から
ない場所にあり、リゾート地なのでボートツアーなど
の様々なアクティビティもあります！ レイク・パウエル
へ向かう途中にも、モニュメントバレーに負けないぐ
らいパワーのある景色が続きます。

(163)

Monument Valley
モニュメントバレー

(64)

(160)

(191)

NEW MEXICO

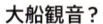

大船観音？

大船観音様か牛久の大仏様のような佇まいに、思わず拝
みたくなる岩。ネイティブ・アメリカンの人たちの、“岩など
の自然に神が宿っている”という考えがよく分かります。

DAY 25
アンテロープキャニオン

Antelope Canyon

自然が作り出した芸術品！ #649

渦巻き模様の滑らかな岩肌と、天空から差し込む一筋の光…。ブリトニー・スピアーズやglobeなど、数々のミュージックビデオの舞台となり、その幻想的な世界に、写真愛好家をはじめ、世界中から観光客が訪れるアンテロープキャニオン。アンテロープキャニオンはアッパーとローワーに分かれていて、いわゆる、ザ・アンテロープキャニオンは、アッパーキャニオンです。ローワーキャニオンは探検するように観光ができたり、アッパーに比べると比較的空いているため良い写真が撮れるらしいです。次回はローワーも行ってみたいのですが、今回はアッパーキャニオンのツアーに申し込みました。

アンテロープキャニオンは、レイク・パウエルから車で20分ほどの場所にありますが、ナバホ居留区内にあるため、個人では入ることができず、ナバホ族のガイドの同行なしには見学ができません。ハイシーズンの夏場は予約をして行くことをオススメします。

Here!

FACT FILE	
State（州）	Arizona（アリゾナ州）
Capital（州都）	Phoenix（フェニックス市）
Location（都市）	Upper Antelope Canyon（アッパー・アンテロープキャニオン）

5845 km

▼

- ▶ GOAL！

神秘の世界

軍用車両のような荷台で揺られる（椅子から転げ落ちるぐらい揺れます）こと10分。アンテロープキャニオンの入り口に到着。すでに何台ものジープが停まっており、他のツアー客が中に入っていっています。細い入り口から一歩峡谷へ足を踏み入れ、見上げた先に広がるのは神秘の世界。自然という名の天才アーティストにしか作り出すことのできない曲線美。岩の隙間から差し込む太陽光線…通称「ビーム」は、ここに神が降臨したかのような神々しさを感じることができます。

その舞台裏は
…カオス！

太陽が真上にある夏場のお昼前後に見られることから、アッパーキャニオンは特に人気が集中しています。通路の狭いところでは、まるでラッシュアワー時の山手線の中のような状態！そして、写真では伝わりませんが、ツアー客が立ち止まらないように「Don't Stop! Don't Stop!（立ち止まらないで！）」というガイドの声が、飛び交っており、さながら大晦日のアメ横です。

神秘的な
光を撮影するには？

そんな中、光が地面まで降り注いでいる「ビーム」を撮るのは至難の業です。では、どうやって今回撮影をしたのか？ アンテロープキャニオンには、一般の観光ツアーの他に、フォトグラファーツアーがあります。写真撮影を目的とし、ガイドがフォトスポットを案内してくれる他、前後のツアーを止め、誰もいない（ように見える）瞬間を作ってくれます。（その代わり歴史の説明などは一切ありません）すると、地面にまで降り注ぐ「ビーム」の写真を撮ることができます。ただ、止めてくれるといっても、その時間はわずか30秒程度。5…4…3…2…1とカウントダウンされ、きっちり管理されます。そんなフォトツアーのお値段は一人130ドル！ 通常の観光ツアーが40〜50ドルなので、高いととるか安いととるかは自分次第です。ちなみに、ロウアーキャニオンに訪れたちか友のみなさん曰く、人も少なくゆっくり撮影をできたという方もいました。ツアーの業者によってガイドさんの親切度も異なるようです。私たちはツアー会社などを通さず直接予約をしたのですが、日本人向けのガイドのほうが丁寧でいいかもしれないです！

ご注意あれ

フォトツアーの受付で困ったことが発生しました。持っていけるのは、カメラと三脚とドリンクのみで、バックパックは禁止と言われました。カメラ本体はもとより、替えのレンズやバッテリー、フィルターなど、バックパックには撮影に必要な道具が入っています。そして、なにより砂漠の砂埃の中を、カメラを裸で持っていくのはリスクがあります。しかし受付の人は「それがルール」との一点張り。そして「ホームページに書いてある」とのこと。ホームページを見ると「よくある質問」の欄に書いてはあるものの、同じツアーに参加する人も戸惑っていたので、分かりにくい表記だと思います。皆さんには、同じ経験をしてほしくないので、ホームページをよく読み、代行会社などの場合は事前に確認をすることをオススメします。砂漠の中なので、カメラもレンズも砂だらけになりますので、カメラカバーやジップブロックなどを持っていったり、レンズを交換する人は、ベルトなどに取り付けられるレンズケースを持っていくのが良いでしょう。万全の準備で最高の一枚収めてください！

DAY 25
ホースシューベンド
Horseshoe Bend

ワクワクとドキドキが止まらない！ | #651

コロラド川がhorseshoe（蹄鉄）の形をしている絶景スポットです。インスタでもよく見かけますが、かなりトレッキングをしないと辿りつけなさそうな場所。でも、ホテルの受付の方に尋ねてみたら、簡単に行けると聞いてびっくり。専用の駐車場からたった徒歩15分。まあ、近いとはいえ、砂のような地面を歩くので運動靴がオススメです！ビーサンで行こうとしていた私は、途中でばったりと会ったちか友のアドバイスに従い、車に戻って運動靴に履き替えましたw。夏はかなり暑いので、お水も忘れないように！

Here!

FACT FILE	
State（州）	Arizona（アリゾナ州）
Capital（州都）	Phoenix（フェニックス市）
Location（場所）	Horseshoe Bend（ホースシューベンド）
Population（人口）	約2,000人

5861 km
▼

- ▶ GOAL！

bilingirl_chika #horseshoebend #perfection #無料で見れちゃうなんて #thebesthingsin
lifearefree #人生で最高なものはお金のかからないものにある

たった15分のお散歩で、こんな絶景に出会えるなんて！

自然が生み出したアート作品ですね。崖が少し坂になっているので、見ためほど怖くはないのですが、先端のほうまで行かないといい写真がなかなか撮れないので危ないです。柵がないのにびっくりしました……アメリカっぽいw。でも、実はその後柵を設置することが決まり、2017年の11月に工事が始まったらしいです。私たちが撮ったこのような写真はもう撮れなくなりますが、Better safe than sorry! ＝ 安全第一！柵ができてよかったです！ちなみに、私の友達のテーングはボートを貸し切ってコロラド川とレイクパウエルを水上から観光したらしいですが、下からの眺めも最高だったみたいです。時間があったらボートツアーにも参加してみたかったです。

Horseshoe Bend

10Mile Marker 545, Highway 89, Page, AZ 86040

HP https://horseshoebend.com/#

足がくすむナバホ・ブリッジ

グランドキャニオンに向かう途中にある、コロラド川のマーブルキャニオンに架かる橋。長さ254m。川からの高さは142mで、真上から川を見下ろすと…足がすくみます。

Horseshoe Bend
ホースシューバンド

LAKE POWELL

89A

橋桁を覗くと、大きな黒い鳥が！ 頭の部分は毛がない！ ハゲワシ？ そしたら、ちか友が「カリフォルニアコンドルという鳥」だと動画のコメントで教えてくれました。絶滅の危機にあったため、保護団体が数を増やしてあの界隈に放し、橋の周辺に巣を作り住んでいるらしいです。

North Rim

89

160

South Rim

Grand Canyon
グランドキャニオン

89

Flagstaff

Sedona
セドナ

更なるパワーをもらいにセドナへ！

グランドキャニオンのサウスリムからであれば、セドナまで2時間程ですが、私たちはノースリムだったので時間は倍かかりました。セドナに着いたのは、ちょうど夕暮れ。おさるさんは運転、私は山道の中での編集でぐったり…でも、夕日に照らされてさらに赤くなっていたセドナの素晴らしい景色に魅了され、速攻チャージされました！ パワースポットで有名ですが、セドナ自体パワースポットです。街にいるだけで十分エネルギーを感じます！

Horseshoe Bend to Grand Canyon to Sedona
Distance（距離）：585 km
Time（時間）：6 hrs 30 min
色んな顔を持つアリゾナ！絶景が次々と！

おさるさんが
旅の記念をGET

国道89号の途中に高低差数百メートルはあろうかという崖の絶景ポイントにネイティブ・アメリカンによるプチマーケットが！

横断記念にブレスレットを買いたいと、サンタフェで散々探しまくった結果、気にいるものがなくて凹んでいたおさるさん。ここでお好みのデザインでサイズもぴったりなものを発見！でも、想像以上に高く…しかも現金払い。現金が足りず、諦めようとしていたその時、隣のブースのお姉さんが代わりに決済してくれると！よかったね、おさるさん☆

目まぐるしく変わる景色

国標高約1300mのホースシューベンドから、一気に300mぐらい下った後、今度は2600mまで登るという、ジェットコースターのような3時間（200km）の道のり。

砂漠地帯を走っていると思いきや、シアトルを思い出すような緑豊富な森に変化したり。牛、鹿、バイソンの注意サインまで！山火事で立ち倒れた木々を通り、みずみずしい緑の草原に抜けていく、グランドキャニオンの引き出しの多さにびっくり！

DAY 26

グランドキャニオン

Grand Canyon

リアルに思えない壮大さ！ まさに「グランド」 |#657

アメリカで最も人気な観光スポットのランキングに必ず入るグランドキャニオン。サウスリムとノースリムがあり、サウスリムの方がアクセスしやすいので一般的です。ノースリムは、ぐるっと北に回ってから降りるので特に南のラスベガスなどから来る場合はかなり遠いです。その分、サウスリムほど観光客が多くなく静かでカップルなどにオススメとされています。メジャーなところより、ニッチ派に行きたがる私はサウスリムにも行ったこともないのに、最初からノースリムにチャレンジ！

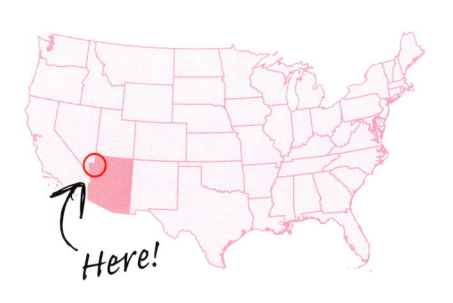

Here!

FACT FILE	
State （州）	Arizona （アリゾナ州）
Capital （州都）	Phoenix （フェニックス市）
Location （場所）	Grand Canyon （グランドキャニオン）
Population （人口）	約2,000人

6272 km

▶ GOAL !

Such a cute cottage!

カップルにおすすめなのはノースリム！

GRANDCANYON LODGE
NORTH RIM

📍 Arizona 67, North Rim

☎ Lodging Reservations:
877-386-4383

HP http://www.grandcanyon
forever.com/

この辺りの宿泊先はかなり限られているので、多くの方は「Grand Canyon North Rim Lodge」に泊まると思います。コテージ式の宿で、『Little Red Riding Hood（赤ずきんちゃん）』のお家に住んでいる気分。外には小さなポーチがあり、二つのロッキングチェアが置いてあります。隣のコテージでは、おじいさんが新聞を読み、おばあさんが編み物をしていました。一週間ぐらい泊まりに来てるのかな〜、自宅のようにリラックスしていました。一泊のみの私たちはそこまで満喫できませんでしたが（正直今はコテージで寝た記憶すらないw）、いつかおじいさんとおばあさんになったらまた来て、あんなふうにリラックスしたいな〜と。その頃は、おじいちゃんおばあちゃんでもタブレットをスラスラとスライドしてるかもだけど。いや、タブレットすらなくなるのかな〜。ARが搭載されたメガネで全て空中で見えるようになってるとか・・・でもさすがにwi-fiはあるよね。でも、デバイスがない時間もいいよね。なんて、将来のことを妄想しながら私たちも少しだけロッキングチェアでゆらゆら。

レストランは
事前予約がオススメ！

ロッジのロビーに入ると、右側に大きなレストランがあり、夕食はそこで食べました。予約を取っていなかったので、遅い時間しか空いてなく、9時頃に食べたのですがもちろんその時にはもう真っ暗。他に食べるところもないし、このロッジに泊まることが決まっているなら、宿の予約の際にレストランも予約したほうがいいかも。食べ物は普通ですがw、サンセットの時間は、ものすごい景色だと思います。でも、あるちか友日く、このレストランの朝食はすごく美味しいらしいです。私たちは疲れ果てて寝坊して、朝食時間に間に合わず、カフェの味気ない breakfast burrito を食べることに…。"The early bird gets the worm"（早起きの鳥がミミズをつかむ ＝ 早起きは三文の徳）、横断中このことわざが何回頭をよぎったかw。

これまでも沢山の素晴らしい景色がありましたが、雄大さでグランドキャニオンに敵うものはありませんでした。さすが「グランド」キャニオン。コロラド川が1500年の浸食作用によって削り出された峡谷。ナショナルジオグラフィックのIMAXシアターが目の前にあるようで、本物だとは思えないぐらいの大きさ。そのせいか崖の近くに行ってもなぜかあまり怖くないんです。逆に危ない！

DAY 27

セドナ

Sedona

大自然をゴージャスに楽しめるリゾートタウン

パワースポットも多く、日本人にも人気のセドナ。大きな街ではないですが、リゾート地なのでホテルも多くショッピングやダイニングも充実、少し離れると自然も沢山満喫できる。砂漠にあるプチハワイのような場所でした（←分かりにくい?）。おさるさんとももちろん楽しめましたが、"Mother-Daughter Trip" にもいいスポットだと思いました。

もともとは静かな酪農の街だったセドナですが、1940年代、50年代にセドナの素晴らしい景色が映画業界の注目を浴び、映画のロケ地として使われ始めました。徐々に知名度があがり、60年代から70年代にかけて、セドナは、引退後の移住先、アーティストが住む街、観光地として著しく発展。急な成長に合わせてレストランやショッピングモールなども次々と開発され、セドナの真っ赤な岩たちは徐々に主役よりも背景となってしまいました。近年は、セドナの美しい自然が見直され、自然を活かした開発を意識しているみたいです。

Here!

FACT FILE

State（州）	Arizona（アリゾナ州）
Capital（州都）	Phoenix（フェニックス市）
City（都市）	Sedona（セドナ市）
Population（人口）	約10,000人

6446 km
▼

➤ GOAL !

ランチとディナーで違う世界観を
楽しめるおしゃれレストラン！ #662

横断前のリサーチで見つけたセドナのレストラン。唯一事前に予約したレストランでした。横断も終盤を迎え、おさるさんと二人でディナーをするのもセドナが最後だったので、ちょっとロマンチックなディナーを計画。「L'Auberge de Sedona」という高級ホテルにあるレストランだったので、着いたらバレットパーキング。慌ててそこらじゅうに散らかっていたビーフジャーキーやひまわりの種を隠し、「うちらの車めっちゃ汚い・・・」と思いながら引き渡しましたw。

 私達が頼んだもの

The Chef's Sandwich	$18
The Bowl	$24
Seasonal cobbler (mixed berry)	$12
Lemon Wedges	$12

おしゃれなロビーの奥にレストランがあるのですが、ほとんどの席が「outdoor seating」＝テラス席。ホテルがちょっとした丘にあり、下に降りると穏やかな小川が流れています。予約の段階で小川沿いのテーブルをリクエストしていたので、素敵なテーブルに案内していただきました。食事の途中に小雨が降り始め「Are you two okay staying outside?」（外でも大丈夫ですか？）と聞かれ、私たちの席にはパラソルがあったので「We're fine. Are you alright??」と聞き返したら、「Oh, this is nothing. I'm from Seattle.（なんてことないよ。シアトル出身だから）」と。ウェイターの方は、なんと私と同じシアトル出身！雨も強くなり、結局デザートは室内に移動して戴いたのですが、最後に「You said this was a special occasion so the dessert is on the house.」（お祝い事と仰っていたのでデザートは我々からのプレゼントです）とびっくりするホスピタリティ！ランチはウェイターさんのユニフォームも含め、少しカジュアルな雰囲気なので入りやすいかも☆

CRESS ON OAK CREEK

📍 301 Little Ln ☎ 928-282-1661
HP https://www.lauberge.com/cress/
⊙ @laubergesedona

パワースポットで
あのハートおじさんに遭遇！ #663

セドナには主に4つのパワースポットがあるのですが、私たちは時間も限られていたので比較的行きやすいところを選びました。一つは「Boynton Canyon」。駐車場から1kmもなく、簡単に辿りつけます。運が良かったらハート型の石をプレゼントしてくれる"ハートおじさん"に出会えるかも?? ハートおじさんのことはちか友から聞いていたので、実際お会いした時はちょっと感動w。もってるね〜私たち！と思ってたら、実は毎日2回ほどいらっしゃるので、かなりの確率で会えますw。なんだ〜 でも、嬉しいですよ！ ハート型の石なんてなかなか見つからないですから！ ハート型のサボテンはあったけどね♡

BOYNTON CANYON

- Sedona, AZ 86336
- ☎ 928-282-4119
- HP https://www.fs.usda.gov/coconino/

ちょっと期待はずれだった
絶景スポット

パワースポット以外にも素敵なトレッキングコースが沢山！「Seven Sacred Pools」という自然にできた7つの小さな池に水が流れ落ちるスポットに行ってみたく、「Soldier Pass Trail Parking Lots」から30分ほどトレッキングしましたが、あれ? 想像していたのと違う… 水は流れていませんでしたw。毎月の平均降水量がたった5cmのセドナで、水が流れている光景を見られるなんて奇跡的ですよね。甘かった！ まだ早朝だったら、朝日が池の水に反射して綺麗かもしれませんが、昼間に行くとただの泥水…。やんちゃなサイクリストたちは、その泥水に飛び込んで泥温泉を楽しんでましたけどね。旅中は予想外のハプニングや期待外れの現実が次から次と…。何があっても置かれた状況を楽しめないと旅をフルにエンジョイできませんよね！ 私たちも泥風呂に入ればよかった〜、いや、相当汚いはずw。

「Seven Sacred Pool」は、想像とは違いましたが、途中で「Devil's Kitchen」という巨大なシンクホールがあったり、トレッキング自体はとても楽しかったですよ！

SEVEN SACRED POOLS

- Soldiers Pass Road @ @nationalparkservice

❤️ 💬 bilingirl_chika　#Sedona #airportmesa #vortex #周りのみんなが寝てたから #私も寝て
みたｗ #ものすごく気持ちよかった〜 #でもいい場所を見つけないと岩はゴツゴツ　#地面から
全身に流れ込むパワー #自然の力

ハイキングもなし！
簡単に行ける
パワースポット │#663

更に行きやすいのが「Airport Mesa Vortex」というパワースポット。頂上まで少し登りますが、5分もかかりません。セドナの街中からも近いので、最もビジターが多いパワースポットらしいです。ただ、駐車場が限られているので、人が多いサンセットの時間などは少し早めに行かないと車を停めるのが大変かも。頂上に登るとセドナの景色を360度楽しめます。山の表面に寝て、真っ赤な夕暮れの太陽を浴びながら山の中心からパワーを。暖かく最高に気持ちがよかったです。ヨガをされている方もいました。

AIRPORT MESA VORTEX

📍 483 Airport Rd ☎ 928-203-2900

ちなみに、パワースポットは和製英語！ 英語では、vortexと言います。直訳すると渦巻きという意味ですが、スピリチュアルなヒーリングやパワーを感じるエネルギーの渦巻きがある場所としてvortexと呼ばれています。セドナ自体vortexなのですが、特にエネルギーが強いスポットとしてBoynton Canyon, Airport Mesa, Cathedral Rock, Bell Rockがあります。xで終わる単語の複数形は、"-ices"になるのが基本ルールなので (matrixはmatrices)、vortexの複数形は正式にはvorticesになりますが、vorticesと言うことはかなりレアで、vortexesの方が一般的になっています。日本語でもそうですが、口語は文法のルールを守らないことも多々あるので、文法だけに縛られずフレキシブルに捉える必要がありますね☆

アップルアートにこだわる
Bar & Grill

オンラインの評価が高く、おしゃれそうだったので行ってみたbar & grill。予約なしで行ったので、ダイニングエリアではなく first come, first serve（先着順）で座れるバーで食事をすることに。おさるさんは、ポークチョップを頼んだのですが、お肉だけでも大きいのに、その横に派手なアップルアートが付いていてかなり大袈裟w。隣りの人からも、「見てあれ!」と言われ、恥ずかしくなるぐらい大きかったのですが、ジューシーで美味しいね! と味わっていたら、お隣さんの注文がきました。私たちと同じぐらい巨大なお肉に、なんとりんごの白鳥がwww。「そっちのほうがすごいじゃん!」と笑い返す私たち。まるでコントみたいでしたw。

私達が頼んだもの ⊘

Kale Salad	$14
White Marble Farm Pork Chop	$29

THE HUDSON SEDONA

📍 671 AZ-179 D ☎ 928-862-4099
HP http://www.thehudsonsedona.com/
📷 @hehudsonsedona

スペーシャスすぎて勿体ない! |#599

セドナでは、こんな大きな部屋予約したっけ? と思うほどスペーシャスなコンドミニアムに泊まりました。フルキッチン、ベランダ、ジャグジーまで! でも、結局観光で忙しく一度も使うことなく（涙）。宿は旅の一つの楽しみですが、1、2泊しかできない場合は、モーテルなどをもっと活用するべきと反省!

HYATT RESIDENCE CLUB SEDONA, PIÑON POINTE

📍 Piñon Pointe 1 N AZ-89-ALT
☎ 928-204-8820 📷 @hyatt
HP https://hyattpinonpointe.hyatt.com/en/hotel/home.html

ターコイズのマック！ | #665

街並みに馴染むように、セドナのマックのロゴは黄色ではなく、ターコイズ！ なかなか珍しいですよね！ 内装とメニューは普通でw、キャラメル・フラッペを頼みました。甘ったるいドリンクを想像していたら、少し大人の味で美味しい！ おすすめです☆。ターコイズのMをバックに写真を撮ると、マックの写真も少しおしゃれ？ w。

McDonald's

📍 2380 W US Hwy 89A

☎ 928-282-6211　📷 @mcdonalds

I like it!

行きたかったスポット

Slide Rock

📍 6871 N. Highway 89A　☎ 877-697-2757

HP https://azstateparks.com/slide-rock/

アリゾナにはswimming holeという天然プールが沢山あり、セドナには「Slide Rock」というスポットがあります。実は一瞬だけ立ち寄ったのですが、パワースポット巡りの後で駐車場が閉まる間際に着いたので、覗いただけで全く満喫はできませんでした。自然にできた川のような長いプールがあり、細い部分は水が勢いよく流れるのでプチラフティングのように川下りを楽しめたり、濡れた岩を滑り台のように滑ったり。特にお子さんがいらっしゃる方にはオススメです。次回は朝から行ってしっかり遊びたい！

4000円！の高級洗車　　#608

都市部以外を走ると、虫や砂埃で車は汚れてしまいます。ここまで共にしてくれた車への感謝と、シアトルから合流するあのディーヴァたちのために、洗車をすることにしました。ちかは編集作業をしていたので僕一人でアメリカの洗車ショップに挑戦！結果…知らぬ間に4000円もする洗車コースを頼んでしまいました。$39.99の最上級コース、車内のフレグランスサービスまで付いています。いくつかの香りがあるので、店員さんのオススメを聞くと「新車の香り」とのこと。そもそもこの車自体が「新車」なのですが、上手く返すことができず…新車に新車風の香りを施すことのなりました（汗）。詳しいやり取りは、ぜひ動画の方でご覧ください!!

横断中に愛用したカフェ、「パネラブレッド」

おさるさんが戦車にチャレンジしている間、私は「Panera Bread（パネラブレッド）」というパン屋さんで作業！チェーン店でどこにでもあるのですが、ここのPassion Papaya Green Teaが美味しい！（「Tea」といいよりもジュースですがw）でかくない？と思うかもしれませんが、外は火傷するぐらいの暑さ。ぐいぐい飲めちゃいます！ベーグルやマフィン以外にサンドイッチやスープ、サラダなどもあるので、朝食やクイックなランチにオススメ！電源もあるので、作業もばっちり！

Yes, I'm thirsty!

Sedona セドナ

Are you guys ready?

🛡 17

Phoenix フェニックス

フェニックスで泊まった一軒家。友達の家に泊まってる雰囲気で居心地よく女子会を楽しめました☆

Sedona to Phoenix
Distance（距離）：189 km
Time（時間）：2 hrs
ディーバ達を迎えに！

アリゾナらしい！砂漠とサボテン

道路沿いに広がる荒野には、アリゾナを象徴するようなサボテンたち。どこかで写真を撮りたいなと思いつつ…フェニックスの都心部に入ってしまったため、自生しているサボテンの光景を写真に収めることはできませんでした。悔やまれます。

ついに見えてしまった？

セドナからフェニックスに向かう途中の高速道路の標識に、LosAngelesの文字が！嬉しいけど…なんか寂しい。

とうとうあの3人と合流!

フェニックス空港で動画にもよく出ている大学時代からのお友達（ローエン、テーング、クローイー）と無事合流! 最後の少しを一緒に横断しよう! とシアトルからわざわざ来てくれました。クローイーは歩くのが遅いからいつも後ろにw。いつも髪を直してるか、リップを付け足してるかw。

荷物もパンパン!

そんなに買い物はしていなかったつもりでしたが、いつの間にか荷物もパンパン! 16ヶ所回ってますからね、小さなお土産でもかさばりますよね! 3人の荷物が入るか心配でしたが、テーングとローエンは旅・出張慣れしてるのでlight packersで助かりました。クローイーは、おそらく化粧品が半分以上を占めるコロコロをw。

DAY 29

フェニックス

Phoenix

Girls' Night Out!
真夏の暑さも吹っ飛ぶ女子会 | #665

夏のフェニックスはとにかく暑い！夕方に着き、一泊しか滞在しなかったので観光は全くできず、印象に残ったのは暑さぐらいでした（汗）。でも、シアトルの友達クローイー、テーングとローエンが最後のフェニックスからLAの部分を一緒に横断するということで、フェニックスで合流しました。一軒家のAirbnbを借りて、みんなでわいわい久しぶりにお泊まり会を楽しみました！

Slumber party!

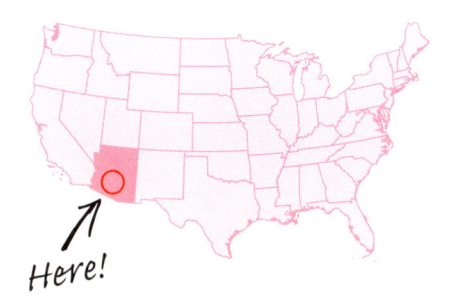

Here!

FACT FILE	
State（州）	Arizona（アリゾナ州）
Capital（州都）	Phoenix（フェニックス市）
City（都市）	Phoenix（フェニックス市）
Population（人口）	約1,615,000人

6635 km

▶ GOAL !

Mora Italian

- 5651 North 7th Street
- ☎ 602-795-9943
- HP https://www.moraitalian.com/#
- ⊙ @mora_italian

猛暑対策でレストランにはミストが!

着いた夜は、おしゃれイタリアンのお店を予約していました。クラブのように音楽がガンガン流れていて、かなり賑やか! テーブルに案内され、奥のほうに歩いていくとなんと天井からミストが吹き出てる部屋があってびっくり! 東京でも六本木ヒルズの外のエリアに設置されていたりしますが、レストランの中にミストがあるのは初めて見ました。でも、それだけ暑いんです! 久しぶりのreunionにCheers!!

女子会に欠かせないアイスクリーム!

My favorite!

レストランでもしっかりデザートをいただきましたが、お泊まり会のアイスクリームは別腹!(え?) 帰りにドラッグストアに寄ってTalentiのアイスを買っちゃいました☆。さっそく食べよう! となったら、あら・・・蓋が硬い。全員トライしても開けられない!! アイス食べたいのに!! 15分ほどかけて色々試し、負けず嫌いのローエンがナイフを使ってやっと開けることができました! 数週間後、ローエンからチャットで"We're not alone"(私たちだけじゃない)というメッセージが届き、あるブログ記事が送られてきました。なんだと思って開いたら、"Talenti gelato jars are so difficult to unscrew, people are using wrenches and knives to open them"(タレンティ・ジェラートの容器が固すぎて、みんなレンチやナイフを使って開けている)というタイトルの記事で、色々な人の苦戦写真が次々とw、どうにかしてほしい。

ブレックファーストで
日本好きのローカルに遭遇！

LAに出発する前に朝食を食べに行こうと、近くのカフェに立ち寄りました。ダイナーのようにがっつりじゃなく、ライトでヘルシーなbreakfast menuが嬉しかった！隣に座っていた男性が柴犬を飼っていて、話し始めたらなんと元カノが日本人で日本が大好きとか。

特に日本のカスタムカーが趣味で、前回日本に遊びに来られた時は埼玉の「ヤシオファクトリー」や千葉の「阿部商会」に行ったとかw。私のぽか〜んとした表情で車のことがさっぱり分からないのが伝わったのか、その後もっと一般的な観光スポットの話に切り替えてくれて、東京では「新宿御苑」がお気に入りだったと教えてくれましたw。好きなフォークシンガー"Iku Atsuzaki"のライブに行くため大阪に1日だけ行ったらしいです。発音が若干違ってググってもなかなか出てきませんでしたが、やっと見つけました！その人=朝崎郁恵（Ikue Asazaki）さんは鹿児島県出身の82歳の唄者！その時は、知らなかったのでふんふんと聞いていましたが、後から調べてびっくり！なんてニッチ！

日本好きの外国の方と話していると、自分が全く知らない日本について色々と詳しいので毎回びっくりします。ちなみに、大阪で過ごした日は街の人々がちょこちょこ声をかけてくれたらしいのですが、東京には1週間いて誰も声を掛けてくれなかったとか。東京人と関西人の性格の違いについても色々と気づきがあったみたいですw。

BE COFFEE + FOOD + STUFF

📍 214 E Roosevelt St ☎ 602-687-7544
HP http://www.conceptuallysocial.com/becoffee-menu/
📷 @543715337

行きたかったスポット

砂漠植物園　DESERT BOTANICAL GARDEN

フェニックに向かう途中、高速の両側にものすごい量のサボテンが並んでいて、写真撮らないと！と思いながらも友達を迎えに行くことで頭が一杯になってしまい、サボテン写真が1枚もない。Cactus fieldのなんて滅多にみることがないので残念すぎる（涙）。そして、もしまたフェニックスに行くことがあったら（8月は避けますw）、サボテンや砂漠植物を沢山見られる「Desert Botanical Garden」に行きたい！今回は、スタバで買ったサボテンのタンブラーで我慢w。

La La Land、ロサンゼルス

右にはLAのダウンタウンのまばゆい光。前方には無数のブレーキライト。そして対向車の眩しいヘッドライト。頭上ではパームツリーが揺れ、さらに上空では、テレビ局やLAPDのヘリコプターのサーチライトも揺れる。まさにLa La Land、ロサンゼルス。ゴールのサンタモニカまではあと少し。そして、この旅も終焉を迎える。

The finish line!

Los Angeles
ロサンゼルス

ソルトン湖

サルベーションマウンテンからLAへ向かう途中に現れた、大きな湖。ドライブをしながら眺める湖の輝く湖面がキレイでしたが、後に調べてみると、この湖は環境破壊によって死の湖となってしまった悲しい場所でした。1950年代にはリゾート地として栄えたものの、湖の塩分濃度は海より高くなり、今では魚が生きることはできないとのこと。インスタ映えで人気のサルベーションマウンテンに行く途中に通ると思いますので、気になる方は事前にその歴史などを調べてから行くと良いかと。色々と考えさせられます。

SALTON SEA

Salvation
Mountain

10

8

Almost there!

インスタで話題なアートスポット！LAから3時間ほどかかるので、わざわざ行くまではないかもだけど、横断ストップとしてはいいかも！詳しくは、LAのセクションでシェアしてます！

Phoenix to Los Angeles
Distance（距離）：763 km
Time（時間）：8 hrs
5人でゴールへ！

(89)

お菓子タイム　　　#666

長いドライブなのでガソリンスタンドでお菓子の買い出し！メキシコが近いので、シアトルでは見ないようなお菓子も沢山売られており、ちょっと暴走しちゃいましたw。車に戻り、辛くて酸っぱいお菓子レビューが始まりました！Takisというトルティーヤを巻いて揚げた酸っぱいチップスがおすすめ！

いよいよ最後となるドライブ。通常、フェニックスからLAへ向かうには、I-10を使いますが、僕らはサルベーションマウンテンに寄るため、メキシコの国境沿いを走るI-8を利用しました。ゴールはもうすぐ！でも、4人のディーヴァを乗せたドライブは長く感じそう（汗）。

(89)

パームスプリングスの大風車群

インターステート・ハイウェイI-10沿いには、風力発電用の風車がこれでもかというほど立ち並んでいます。初めて見ると、その光景に圧倒されることと思います。現在、4,000基の風車があり、年間9億kwhの電力を発電しているとのこと。この地域は、砂漠の暖かい空気と海岸からの冷たい空気が混ざり合い、一年を通して風が強く、風力発電に適しているとのこと。ダムもそうですが、アメリカはとにかくスケールがデカイ。

(60)

Phoenix
フェニックス

Yuma

かき氷を求めて

灼熱のアリゾナ。冷たいモノが食べたくなったディーヴァ達は周辺のお店を検索。近くのYumaという街に、かき氷をフードトラックで売っている情報をキャッチ。しかし、その場所に行ってみるとトラックがない！ローエンが電話をかけ「あなたのかき氷を食べに来たんだけど、今どこにいるの？そこへ行くわ！」と執念によってGETすることができました。炎天下で食べるかき氷は美味しい！けど・・・ディーヴァたちはすぐにクーラーの効いた車内に戻って食べました。

DAY 30
ロサンゼルス

Los Angels

やっぱり落ち着く西海岸

最終目的地のLA! ゴールのサンタモニカピアに着いた時は、横断が終わってしまったことの寂しさとやっと辿り着いた! という嬉しさで複雑な気持ちでした。1日前に合流したばかりだったクローイー、テーングとローエンとは多少テンションの差はありましたがw、3人とも8時間にわたる狭いback seatでの長いドライブが終わってほっとしていたと思いますw。まどかもちょうどLAに旅行で来ていたので、ゴールでスタンバイしてくれていて全メンバー集合! 数名のちか友たちもゴールで待っていてびっくり! 生配信を通して一緒にゴールしてくださったみなさんも本当にありがとうございました! 私たちのwifiが不安定だったなか、携帯を貸してくれたローエンにも感謝 (>人<)

LAは、去年だけでも3回行ったので、最近は旅行気分を味わいながらも少し落ち着く場所になってきました。そして私がいつも泊るのはベニスビ

ーチ近辺。アボットキニーという通りは、おしゃれなブティックやオーガニックのレストランが並ぶLAのTrend Setter。最近買ったけどちょっと派手でなかなか掛けられないサングラスがあれば、ここで掛けちゃいましょう! 通り過ぎる人たちの個性的なサングラスがいつも気になります。

Here!

FACT FILE	
State (州)	California (カリフォルニア州)
Capital (州都)	Sacramento (サクラメント市)
City (都市)	Los Angeles (ロサンゼルス市)
Population (人口)	約3,976,000人

7398 km

 ▶ GOAL!

LAのビーチセレブに
大人気なローズカフェ！

サンタモニカにゴールした夜、みんなでベニスにある Rose Cafeというレストランでお祝いディナーを。おさるさんと以前来たことがあってお気に入りの店☆。なんでも美味しい！LAのビーチセレブに人気なダイニング・スポット。お手洗いから出たら、オーエン・ウィルソンとすれ違ってびっくり！この人知ってる…とガン見したら目が合っちゃいましたｗ。夜は、賑やかでLAの人気スポットに来てる！って感じはしますが、お互いの会話が聞こえないぐらいうるさいので（アメリカの人気スポット"あるある"です）、ブレックファーストやランチの方がゆっくりできると思いますｗ。ディナーメニューには「For the table」というシェア用のものがいくつかあるのですが、結構大きいので要注意！デザートはカラフルで女子力満点☆

 私達が頼んだもの

Grilled Spanish Octopus

Smoked Radiatore Carbonara

28-day Tomahawk Dry-aged Ribeye for two

Butternut Squash Tortellini

ROSE CAFÉ

📍 220 Rose Ave, Venice ☎ 310-399-0711

ℍℙ http://rosecafevenice.com/ 📷 @therosevenice

Say Cheese!

さすがベニス、
メキシカン料理まで
オーガニック！

アボット・キニーの雑貨屋の店員さんにオススメいただいたオーガニックのメキシカンカフェ。気軽に入れてランチなどにおすすめ！サラダ、ボール（丼もの）、タコス、ブリートがそれぞれ3、4種類あり、中に入れるお肉とチーズはお好みで選べます。

 私達が頼んだもの

Fajita Del Rey

Street Corn サイドのストリートコーン

TOCAYA ORGANICA

📍 1715 Pacific Ave., Venice ☎ 424 744 8692

ℍℙ http://www.tocayaorganica.com/

📷 @tocayaorganica

Sparkling Americano!

おしゃれすぎて注文が
ちょっと難しいオーガニックカフェ！ |#622

「Rose Café」のすぐ近くにあるヴィーガンカフェ。ここのOriginal Burritoは、ヴィーガンだと思えないぐらいの食べ応え！お店で食べるのもいいけど、ネットでピックアップを注文して、ビーチで食べるのもオススメです☆。お店で食べる時の豆知識、このカフェのポリシーとして「人は食べものでできている」ということから、通常の「Could I get … Can I have… I'll have」ではなく、「I am ○○」と注文してくださいと店員さんに説明されます。そのため、メニューの名前もユニークで「connected」「brigt」「Lucky」「Pure」など人を表す形容詞になっています。I am connected. I am bright. と言って注文するんですw。食事の好みがあまり合わない私とおさるさんが珍しく同じもの（「evolved」というライスボール）を頼もうと、We are evolvedと言ったら、ライスボールが1個しか来ませんでしたw。店員さんに伝えると、シェアしたいのかと思った！と…。2つ頼みたい時は Weじゃなくてそれぞれ I am で頼まないと通じませんw。コンセプトは面白いけど、ちょっとややこしいw。アメリカはただでさえ注文ミスが多いのにw。

Café Gratitude

📍 639 N Larchmont Blvd ☎ 323-580-6383
HP http://cafegratitude.com 📷 @cafegratitude

理想の朝を迎えられるベニスの宿 |#622

私がこれまで泊まったAirbnbの中でトップ3に入る物件！庭に自分たちのお家のミニバージョンを建ててAirbnbで貸しているとか。窓も沢山あり、開放感たっぷりな空間。ホストのお家のベランダが目の前にあるので、プライバシーがなさそうと思いきや、木や小屋がちょうどよく配置されていて意外と見えない。トイレもシャワーもしっかり整備されていて、シャワーは一瞬外に出て入る別小屋に。写真を見ていて、シャワーが外にあることが少し不安だったのですが、お湯もばっちり、水圧も強いぐらい。意外と快適！サビていて若干ボロボロ状態でしたが、庭に置いてある自転車も自由に借りられて、自転車でビーチまで行ってローカル気分。

Airbnb:
Craftman Mini-me

HP https://www.airbnb.com/
rooms/15520295

bilingirl_chika #universal #girls #funday #ユニバデビュー #また行きたい #今度はミニオンの格好して行こうかな〜 #さちこに間違えられそう

ユニバーサル・スタジオで
大はしゃぎ！

ランチを食べ終わり、「今日何する〜」と話してたら、なぜかユニバーサル・スタジオに行くことにw。決めた時にはすでに13時ぐらいでしたが、車で1時間ぐらいだし数時間楽しめればいいでしょ！とUniversal Cityに向かいました。テーングは仕事で先に帰ることになったので、ガールズ3人とおさるさんで。私はどちらかというと絶叫系のジェットコースターが好きなので、あまり期待をしていなかったのですが、めちゃくちゃ楽しかった！

意外にもあのクールなローエンがユニバ通で、特にハリーポッターに詳しく、色々と案内してくれましたw。ハリーポッターのバタービール、大好きなバタースコッチ味で美味しかった！でも、激甘で一人では飲みきれないからシェアするのがオススメ！

夕方だったからか、待ち時間がほとんどない乗り物も多く、かなり効率良く回れました。でも、何が一番楽しかったかというと「スタジオツアー！」そう、一番つまらなさそうだけど！え？60分??? これから1時間もたらたらとトロリーに乗ってるのか〜と落ち着きのない私からすると絶望的でしたが、あっという間でした！ガイドさんが説明してくれたスタジオの歴史も面白かったし、途中いいバランスで訪れる様々なアトラクション。洪水状態になってしまう地下鉄のホームを通ったり、炎で燃え上がる湖に入ったり。私たちの表情で分かると思いますが、迫力満点！いつか子供ができたら家族で行きたいスポット。

UNIVERSAL STUDIOS

📍 100 Universal City Plaza, Universal City   ☎ 800-864-8377

HP https://www.universalstudioshollywood.com/   📷 @unistudios

絵になるジェラート屋さん

インスタの写真に釣られて行ったジェラート屋さん。ジェラートを
バラの花のようにワッフルコーンの上に描いてくれます。店員さ
んがまだ慣れていなかったのか、若干雑な作りでしたw。ちょっ
とがっかり（汗）。店員さんの器用さによって品質にかなりのば
らつきがでそうw。イタリア発祥のお店で、パリ、メキシコ、ニュ
ーヨークなど世界中に沢山の店舗がありますが、日本に進出し
たら日本のが一番インスタ映えしそうw。

AMORINO BEVERLY HILLS

📍 9605 S. Santa Monica Blvd, Beverly Hills　☎ 424-335-0317
HP https://www.amorino.com/　📷 @amorinogelato

LA といえば
In & Out Burger！ | #674

Drive→thru!!

ニューヨークといえば「シェイクシャック」ですが、LAは「In & Out
Burger」。ローエンも帰り、最後の数時間はクローイーとおさるさ
んと3人で過ごしました。LA に一緒にいることなんて滅多にない
からIn & Outに行こう! とまたまたドライブスルーにチャレンジ。着
いたら車の行列! 今回はおさるさんに休憩してもらい、私がオーダ
ーしようと思って運転席にいたのですが、あれ? なんと店員さんが
外に出てきて各車の助手席の窓から注文を取ってる! 私たちの車
のほうにも向かってきました。ドライブスルー も嫌だけど、突然店員
さんに来られるのも困る! 急な展開にびびったおさるさんは、助手
席から後ろに逃げてしまい、各自で注文することに! 「In & Out
Burger」では、Animal Styleというものがあり、French fries
animal styleと頼むと炒めた玉ねぎとサウザンドアイランド・ドレッ
シングのようなクリーミーなソースが付いてきます。ハンバーガーを
Animal Styleにすることも可能! 「Shake Shack」でクアッドバー
ガー（お肉4枚）が伝わらず、おさるさんがダボダボーと頼んでいま
したが、「In & Out Burger」では実際Double Doubleというも
のがあり、お肉が2枚入っているハンバーガーのことを言います。

IN & OUT BURGER

📍 9149 S Sepulveda Blvd
HP http://www.in-n-out.com/　📷 @innout

なにここ? 気になる!

フェニックスからLAに移動する途中で立ち寄ったアートスポット! このカラフルな丘は、ローカルのアーティストのレオナルド・ナイトさんがある日宗教に目覚めて、God is love=「神は愛」というメッセージを広めるために30年かけて作った作品です。ナイトさん曰く宗教はシンプル。教会に通って学ぶことではなく、神の愛を自分で感じるもの。そして、神様を純粋に愛し、悔恨の念を示せば、神様が私たちの罪を洗い清めてくれることを信じる。ナイトさんは様々なインタビューでこのメッセージを何度も繰り返しています。

「サルベーション・マウンテン」は、2002年に「国家的財産」となり、今はアートとして宗教関係なく、世界中の人々から注目を浴びています。最近、アメリカの歌手Keshaの『Praying』という曲のミュージックビデオのロケ地となり、更に知名度が上がっているスポットです。でも、8月は暑すぎてゆっくり見られないので真夏はオススメできません! グループ写真を撮り、一応頂上まで登った後、クローイーたちはギブアップ。「私たちは車で待ってるから、写真撮ってきたら」と言われ (笑)、おさるさんと二人でこれまでに体験したことのない猛暑の中撮影をしていました!

SALVATION MOUNTAIN

- Beal Rd, Niland
- HP http://www.salvationmountain.org/
- @salvationmountainofficial

行きたかったスポット

NORMS

以前LAに来た時に行った24時間のダイナー。Steak & Eggsが美味しくておさるさんが惚れ込んでしまいました。「Normsに行きたいね!」と言いながらも今回はバタバタしていけませんでしたが、次回は必ず! 時差ボケで早起きの時にオススメ☆。ちなみに、「Norms」のオフィシャルのインスタグラムに私が投稿した写真がピックアップされててびっくりw。

HP https://normsrestaurants.com/
@norms

Road Trip Stats

横断にまつわる数字

30 *Days*
横断期間

5 *TB of footage*
撮影した映像のデータ量

4970 *Miles*
総走行距離（約8000km）

16893 *photos*
撮影した写真の枚数

14 *States*
通過した州

500 *sunflower seeds*
食べたひまわりの種の数

18 *Cities*
訪れた都市

2 *fights*
夫婦喧嘩の回数

66 *Videos*
投稿した動画数

Countless memories
数え切れない思い出

GOAL!

STARBUCKSの ドライブスルーで注文

長時間の運転に欠かせなかったのが、
スタバ休憩！
おさるさんもすっかり注文に慣れ、
ドライブスルーにまでチャレンジしました！

注文する時は、

> Could I get an iced
> tall caramel latte, please?

もしくは、

> I'll have an iced
> tall caramel latte, Please.

最初にサイズを言うとことによって、バリスタがすぐコップを手にとって注文を書き写せます。
特に混んでいる時は、注文する際に **What's your name?** と名前を聞かれますが、日本の名前に
慣れてない方が多いので、名前を言ったあとにスペルを伝えるといいです。 3文字以上の名前の方は、
省略した方が言いやすいかも。**Kanako** であれば、**Kana**、**Hiroyuki** であれば、**Hiro** など☆

アメリカのスタバはカスタマイズするのが当たり前！

氷を少なめにしたい場合は **light ice**

> Could I get an iced tall caramel latte with light ice, please?

日本に比べてホットドリンクの温度が低いことが多いので、**extra hot** を頼むのがオススメです☆

> Could I get an extra hot grande vanilla macchiato, please?

ダイエット中なら **skinny** ドリンクを！

> I'll have a tall iced skinny caramel latte?

skinny は細いという意味で、**skinny** を注文すると低脂肪ミルクと糖質ゼロのシロップで作ってくれます。

ホットコーヒーにミルクを入れる場合は、**a tall coffee with room.**
目一杯コーヒーを飲みたい場合は **a tall coffee, no room.** ちなみに、アメリカのスタバでは、

- ➡ アーモンドミルク以外にココナッツミルクもある
- ➡ メニューには載っていないけど、ホットコーヒーなら **short** も頼める
- ➡ 一部のアイスドリンクは **venti** より更に大きい **trenta** サイズを頼める

ガソリンスタンドで給油する

Road tripとなると
ガソリン・スタンドは避けて通れません！
移動距離が長いので
かなりの頻度で通っていました。

最近は、ほとんどのガソリン・スタンドがセルフです。余計な会話の心配は特にないのですが、支払いに少し戸惑うかも。アメリカの多くのガソリンスタンドの給油機では、**海外のクレジットカードが使えません。**操作の途中でEnter zip code（郵便番号を記入）と出てくるのですが、盗んだカードを簡単に使えないようにセキュリティ上導入されているステップらしいです。ストアの中に入れば日本のカードを使うことはできますが、その場合、前払いとなります。現金も同じです。

レジの方に

Could I get 20 dollars on number 3, please?

#3に20ドルお願いします。

という言い方で前払いをします。そうすると3番のポンプが開き、ガソリンを入れられるようになります。満タンにして、例えば $18までしか入らなかったら、中に戻ってお釣りとレシートをもらいに行きます。カードの場合は、情報を仮置きするだけなので、請求されるのは実際使った金額となるので、戻らなくてもいいのですが、念のためレシートをもらっておくと安心です。

Could I get the receipt for number 3, please?

#3のレシートを頂けますか？

現金の場合は、

Could I get the change and receipt for number 3, please?

#3のレシートとお釣りを頂けますか？

もし、あと5ドル分入れたいと思ったら

Could I get 5 more dollars on number 3, please?

#3にもう5ドルお願いします。

という言い方ができます。

SEDONAの
レストランで注文

どんな旅にも欠かせないのが食事！横断中は、
ファストフードで済ませたり、ホテルで食べたり、
Airbnbで作ったりもしましたが、やっぱり
レストランで食べることが一番多かったです。
まさにサバイバル英語ですよね！

メニューを差しながら質問する時は、thisを使う！

What is this?
こちらはなんですか？

Could I get this without cilantro?
これをパクチー抜きでお願いできますか？

Does this have eggs in it? I'm allergic.
こちらには卵は入ってますか？ アレルギーなんです。

Could I get this with salad instead of fries?
これに付いてくるポテトを
サラダに変えることはできますか？

店員さんが様子を見に来た時はこれ！

緑＝店員さん

アメリカのレストランは店員さんがちょこちょこ様子を見にきて、

How is everything?
いかがですか？

Is everything okay over here?
いかがですか？

Good, great, delicious などと返事しつつ、追加の注文や質問があったらそのタイミングでしましょう☆

Great. Could I get another beer?
素敵です。ビールをもう一つお願いします。

Good. Could we see the drink menu?
いい感じです。ドリンクメニューを見せてください。

Everything is delicious! What is this sauce called?

全部美味しいです。このソースってなんて言うんですか？

食後はデザートの注文について聞かれます。

Did you leave room for dessert?

デザートを食べる余裕は残しておきましたか？

No, we're too full. Thank you.

いえ、お腹一杯です。ありがとうございます。

We always have room for dessert!

もちろん！デザートは別腹ですよ！

Could we see the menu?

メニューを見せてもらってもいいですか。

アメリカのレストランはとにかく量が多いので、持ち帰りは当たり前。

残してしまったら、

Could we get a box for this?

とお持ち帰り用のボックスをもらってみましょう☆

Could we get the check please?

お会計をお願いします。

アメリカでの外食が続くと太りそうですよね (><)
私はそれを避けるために何日かに1回は、ディナーサラダを頼むようにしてました☆
多くのアメリカンレストランでは、大きな具沢山サラダがあります。
日本でサラダというとサイドディッシュですが、アメリカはメインとして
サラダを食べることもよくあります。 ただ、ドレッシングがたっぷりなので、
注文の際に**Could I get the dressing on the side?**と聞くのがオススメです☆

Shoppingでの英会話

食事、ホテル、そしてガソリンスタンドの次に
よく出てくるシチュエーションは買い物！
何のショッピングかによって
必要なフレーズは異なりますが、
いくつか便利なものをご紹介しておきます！

洋服のお買い物

緑 = 店員さん

Could I try this on?
試着してもいいですか？

Do you have this in another color?
こちらの違う色はありますか？

Can I wear this out?
このまま着て行ってもいいですか？

Do you have a new one?
新しいものはありますか？

Do you have this in a small?
こちらのSサイズはありますか？

Could I get an extra bag?
追加の袋をいただけますか？

What's your refund policy?
返品のルールはなんでしょうか？

30 days with your receipt.
30日以内にレシートを
持ってきていただければ返品可能です。

（英語はかなり省略されていますが、
　このような返事が多いかと思います）

クレジットカードで支払う時、
Do you have a chip? と聞かれることがあります。
カードにICチップが搭載されているか
という質問です。搭載されているものは、
スワイプではなく、カードを差し込むので、
確認する店員さんがたまにいます。

No returns on sales items.
セール品は返品できません。

日本ではレシートは必ず手渡しですが、
アメリカではショッピングバッグに入れることが
よくあります。後から整理する時に
何の買い物のレシートだったかが
分かりやすいので意外と便利です。
（袋に入っていることを忘れなければ!）

Receipt with you or in the bag?

レシートはお渡ししましょうか、
それとも袋に入れておきましょうか？

I'll take it.

受け取ります。

In the bag please.

受け取袋に入れてください。

レストランやカフェでもそうですが、出る際に店員さんが **Have a nice day!** と言うことが多いと思います。
こちらへの返しは、**Thank you, you too!** でOK☆

スーパーなどでのお買い物

Excuse me. Do you have soy sauce?

すみません。お醤油はありますか？

Excuse me. Where is the milk?

牛乳はどこですか？

スーパーでお手洗いに行くこともよくあると思います。
大きいのでなかなか探せないことがあるので、恐れず聞いてみましょう!

Where is the restroom?

トイレはどこですか？

Down aisle 5. You need to get a key from the cashier.

5列目の奥にあります。
レジで鍵をもらう必要がありますよ。

❷ **aisle** は、列のこと。スーパーでは、各列に番号と
商品が記載されている看板がぶら下がっています。

➡ 地域によりますが、都会では鍵やコードの入力が
必要なお手洗いが結構あります。

It's next to the pharmacy. The code is 4495.

薬局の隣にあります。コードは4495。

スーパーでよく聞かれる質問 Paper or plastic?

紙袋かビニール袋を選べます。最近は、州によっては袋が有料のお店も多くなってきています。
基本的に店員さんが **Would you like a bag for this?** と聞いてくれますが、
袋に入れそうにもなく聞いてくる気配がなければ、**Could I get a bag?** と自分から聞いてみてください。

最近は、私たちのように
Airbnbで宿を予約される方も多いはず!
ホストさんとのやり取りで
使えるフレーズを紹介!

チェックインを伝える

まずは、**What time will you be checking in?** とチェックインする時間を確認されます。

We don't know out our schedule yet.
Can we let you know when we get closer to the date?

まだ細かなスケジュールが分からないので、日程に近づいたらお伝えできます。

Hi! We'll be checking in at 4PM on the 24th.

こんにちは! 24日は、午後4時にチェックインします!

We're looking forward to staying at your place!

あなたの物件に泊まるのを楽しみにしています!

などと加えると相手も喜ぶかと思います。
でも、横断中は色々とあります。チェックインの時間に間に合わないことも(＞＜)

We're driving from Houston and are running late.
Would it be okay if we check in at 6PM?

ヒューストンから車で向かっていて少し遅れています。
午後6時にチェックインしても大丈夫ですか?

多くのAirbnbでは、ホストが立ち会わなくてもゲストが入れるような仕組みにしているので、
ほとんどの場合は問題ないとは思いますが、チェックインの時間が変わる場合は、
早めに連絡を取るのがオススメです。
ゲストのプライバシーを尊重するために、近くにいてもAirbnbのメッセージ機能で
連絡してくるホストが多いです。以前、ある方のお家の一部屋を借りた時も、
すぐ2階にいるのに宿に関するコミュニケーションは基本的にメールでやりとりをしていました。

Wi-fi が使えない時など

インターネットが使えない、シャワーが壊れていると伝える時は、
isn't working というフレーズがオススメ! 直訳すると「機能していない」という意味です。

> ### The wi-if isn't working.
> wifi が機能していません。

> ### The shower isn't working.
> ### We're not getting hot water.
> シャワーが壊れています。お湯が出ません。

その地域でのオススメを聞く

ホストにオススメのレストランを聞きたい場合は

> ### Do you have any restaurant recommendations?
> レストランのおすすめはありますか?

Airbnb のプロフィールにオススメをリストアップされているホストの方も多いです。
Yeah, I've got a list in my profile. と案内されるかもです。
その周辺のある場所に行こうと思っているけど、地元目線でそこに本当に行くべきか確認したい場合も
あるかもしれません。オースティンで気になっていたバーベキュー屋さんがあったのですが、
なんと4時間ぐらい待つとか! 本当に行く価値ある?? と思って、ホストにこう聞いてみました。

> ### Is Franklin BBQ worth waiting in line for?
> フランクリン・バーベキューって、並んで待つ価値ある?

> ### Is _____ worth visiting?
> どこどこって観光しに行く価値ある?

という聞き方もできます。近くに_____はありますか? と聞く場合は、

> ### Is there a _____ near by?

> ### Is there a grocery store near by?

もしくは、

> ### Where's the nearest grocery store?
> 一番近いスーパーはどこですか?

という聞き方もできます。

▶ 動 画 リ ス ト

アメリカ横断の旅
U.S. Road Trip!

ワシントンD.C.で
朝のジョギング!
Jog with me
in D.C! #586

メンフィスの
バイカー達に
圧倒される! #600

LIVE)
アメリカ横断に
向けてパッキング! #573

アメリカの田舎を
ドライブ!
DC to Asheville,
NC! #589

感動的に美味しい
アメリカの
フライドチキン!
Gus Fried Chicken! #603

NYに到着!
早速美容院で
予約☆ #574

アメリカの
ガソリン・スタンド!
入れ方&
必要な英語! #590

ニューオーリンズに
到着!けど、予約
していたホテルが...
Memphis to
New Orleans! #604

超便利!
最新出前アプリ
「UBER EATS」
で注文! #575

アメリカの
クレイジーな
バスツアー! #591

英語で占い!
ニューオリンズの
占い師の予言!
Fortune reading
in New Orleans! #605

NYで喜多方
ラーメン?!
ちか友が営む
お店にサプライズで
突撃訪問! #576

アメリカで
最も美味しい
デザートに
選ばれた
絶品ドーナツ! #593

朝から音楽とお酒!
ニューオリンズの
朝食☆
Breakfast in
New Orleans! #607

ニューヨークで
美容院英会話 ☆
受付から
支払いまで! #577

アメリカの
本屋さんの
日本の漫画が沢山!
Mangaで
英語学習?! #594

夫が一人でアメリカ
の洗車にチャレンジ!
おさるさん初めての
おつかい☆ #608

アメリカ横断
スタート!
まずは
NYからDC! #580

ロードトリップの
醍醐味?!
楽しいこともあれば
プチトラブルも! #595

海外で必ず
聞かれる質問!
会話が続く
おすすめフレーズ☆ #609

豪快!
トンカチで食べる
ワシントンD.C.の
カニ! #582

ショッピング英会話!
店員さんが
超フレンドリーな
ナッシュビルの
ウェスタンブーツ屋さん! #596

ロードトリップの
リアル!地味... 笑
A super laid
back road trip
vlog #610

ホワイトハウス観光!
まさかの
大統領に遭遇?! #584

迫力満点!
テネシーの
BBQリブ!
Peg Leg Porker! #597

NASAの
宇宙センター!
夫が童心に返るw
// NASA Space
Center! #611

チップ集めが
上手すぎる
ストリート
パフォーマンス! #585

またまた移動🚗
相変わらず色々とw
Nashville to
Memphis! #598

アメリカのデニーズ!
メニューが
全然違う!//
Breakfast at
Denny's! #614

 #615 アメリカの人気都市「オースティン」の超インスタジェニックな宿が?!... けど、ちょっと狭い😅

 #628 こんな田舎にプラダ?! アメリカのセレブに人気の街マーファ☆

 #649 神秘のスポット「アンテロープ・キャニオン」の表と裏！Our trip to Antelope Canyon！

 #616 テキサスのコウモリクルーズが凄すぎる！

 #629 品揃えが面白すぎるアメリカのコンビニ☆ Fun at a Texan mini mart！

 #651 これはすごい！ドキドキする驚きの絶景！♡アリゾナのホースシュー・ベンド！Horseshoe Bend！

 #619 夫のはじめてのおつかい！NYの有名なハンバーガー屋さんを探せ！PT 1

 #632 夫がスタバのドライブスルーに挑戦！

 #656 バッファローすら出てきちゃうアメリカの田舎道！グランド・キャニオンまでの移動！

 #620 NYPDに道を聞く！NYの有名なハンバーガー屋さんを探せ！PT 2

 #633 人生に一度は行ってみたい！ホワイト・サンズ☆ White Sands！

 #657 アメリカで大人気の観光スポット☆グランド・キャニオンで過ごす朝！

 #621 英語で注文！本場のShake Shackで裏メニューを頼んでみる！

 #634 夜中のドライブから癒しの朝！To Santa Fe！

 #662 レストラン英会話☆会話の多い高級店編 in Sedona！

 #622 My morning routine！理想の旅先モーニングルーティン☆

 #636 アメリカの運転は怖い？役立つ10個のTIPS☆

 #663 セドナのパワースポットでラッキーな出会い☆ Lucky surprise in Sedona！

 #623 アメリカのスーパーで豪華なディナー！ホール・フーズのフラッグシップ店！

 #639 サンタフェ最大の祭り！マーケットの買い物で使える英会話☆ Santa Fe Indian Market！

 #665 女子のお泊まり会 in Phoenix！Slumber party with the girls！

 #624 90年代の洋楽をドライブしながら解説！Carpool Karaoke lesson！

 #640 モニュメントバレーへの道☆ Our trip to Monument Valley！

 #666 みんなでお菓子レビュー！アメリカ南部の辛くて酸っぱいお菓子！

 #625 深夜2時テキサスの田舎町で宿探し。その結果....😱 No place to stay！

 #645 ローカルに連れて行ってもらった最高のハイキング！Hiking in Monument Valley！

 #668 日本に進出希望！アメリカの超美味しいベーグル屋さん☆

 #626 アメリカの不思議すぎるプール！Balmorhea state park！

 #648 ゆるドライブの先に待ってた絶景✨ To Lake Powell！

 #671 アメリカ横断🇺🇸 NYからLA！7000kmの旅総集編☆ Our U.S. Road Trip！

TRAVEL TIPS

旅行中に役に立ったTipsをまとめてみました。
もしアメリカを旅行することがあれば参考にしてください。

Airbnb
Airbnbでローカルのお家を借りてみよう!

Airbnbというアプリで今までになかった旅を体験! Airbnbは、簡単に言うと人のお家を借りたり、自分の家を貸せたりするアプリです。数年前は、旅行といえば必ずホテルを予約していましたが、最近はAirbnbに泊まることが半分以上になってきています。ホテルとは違って、ハウスキーピングやルームサービスはありませんが、ローカルの方と繋がれる、面白い物件に泊まれる、現地に住んでいるかのように旅ができるという点でとても楽しいです! ホスト(貸す側)が住むお家の一部屋を借りる、一軒家を丸々借りる、部屋を他のゲストとシェアする、など様々な借り方があります。私たちは基本的に一軒家を丸々借ります。やっぱり他人と一緒だと気を使うので(汗)。でも、一部屋・シェア型のほうが圧倒的に安いので、現地の方と交流したい! 旅費を抑えたい! という方にはオススメです。大事なのは予約の段階でホストのレビューをしっかり読むこと。初めての方は、経験と信頼を持っているスーパーホストの物件を選ぶのがいいと思います☆。このようなマッチングのコミュニティはレビューで成り立っていますので、私も宿泊後は必ずレビューを残すようにしています。評価されるのはホスト側だけではなく、ゲスト側も。着いたら直接会って案内してくれるホストさんもいれば、お家に入るために必要な情報をメールで送ってくれて、一度も会わずに自由に出入りするケースもあります。Airbnbは予約後にホストさんとのメールのやり取りが多少あります。基本的にはチェックインの時間を聞かれるぐらいですが、その時に使えるテキストを158ページで紹介してますので、よかったら参考にしてください☆。Airbnbでのいい宿の探し方については、以前動画でシェアしていますので、是非そちらを見ていただければと思います。 ➡ #496

Pinterest
おしゃれスポットを探すにはピンタレストがオススメ!

どのようにカフェやレストランを探しているのですか? とよく聞かれます。いくつかのアプリを使っていますが、ここではピンタレストをご紹介します。33ページのドーナツ屋さんも実はピンタレストで見つけました。色々な方がクリッピングした画像を検索できるアプリなのですが、オシャレな写真が特徴的で、ほとんどの写真がブログにつながっているので、より深い情報も手に入るのがポイント! 私たちの結婚式のイメージを話し合う際にもピンタレストを愛用しました。Ashevilleのように小さな街だったら、街の名前を検索するだけでも観光情報が出てきますが、例えばLAやNYのような都会なら、情報量が多いので「LA lunch」「New York restaurant」と特定した方が見やすいです。ただ見てるだけでもワクワクするので、是非一度のぞいてみてください☆

Google Maps
カフェ・レストラン探しに意外と役立つGoogle Mapsがオススメ!

Google Mapsは、旅先で欠かせませんよね(ってか、日常的にも欠かせないw)! でも、AからBに行くためにルート検索だけではなく、新しいお店を探すのにも意外と便利です☆。旅行先では地理感覚がないので、お店を検索してもそれが近いのか遠いのか住所を調べないと分からないですよね。Google Mapsであれば、あるエリアに特化して検索できるので、例えば泊まっているホテルの近くに朝ごはんを食べにいけるお店はないかな〜と思ったら現在地周辺で「breakfast」を検索。店舗情報はもちろん、画像も沢山出てきますし、最近は、Googleのレビューも増えているので行くか行かないかの判断材料がその場で揃います。ただし、営業時間はたまに古い情報だったりするので、オフィシャルページに飛んで念のため確認するのがオススメ!

Uber & Lyft
配車アプリで移動が便利!

旅先では、UberやLyftという配車アプリでの移動が便利です。私の実家があるシアトルでは、車を購入せずこれらの配車アプリを使って通勤している方も最近増えているぐらいアメリカでは生活の一部になっています。私たちのように車で横断をする場合は、あまり必要にならないかもしれませんが、そうじゃない方もいるかと思いますので旅テクの一つとして紹介しておきます。私たちも普段の旅行ではかなり使っていますよ! アメリカだけではなく、ヨーロッパなどでも!

アプリを立ち上げると、現在地が出てくるので行き先の住所か店舗名を記入すると、配車可能な近くにいる車が表示されます。配車を依頼する前に、何分以内に車が到着し、行き先までの時間と値段も表示されるので安心です。でも、迎えに来てくれるのはタクシーではなく、一般の方が登録して運転している車なんです。だからこそ配車可能な台数が多く、タクシーがいないような場所、タクシーをなかなか拾えない時にとても便利。こちらもAirbnbのようにマッチングサービスなので、運転手と乗る側のレビューで成り立っているコミュニティです。具体的な使い方は動画でシェアしていますので、是非ご参考にしてみてください。 ➡ #524

UberもLyftも使い方はほぼ同じなのですが、Uberはものすごい勢いで拡大したので、対応範囲が広かったり、車の数が多いという利便性はあるのですが、ある程度メジャーな都市であればLyftも問題なく使えます。実際運転手さんたちと話すと、UberとLyft両方に登録されている方がほとんどみたいです。

Skype
Skypeにクレジットを入れておけば固定電話にも連絡ができる!

Skypeといえば、Skypeを持っている者同士がネット経由で電話をするイメージが強いと思いますが一定額を入れておけばネットから固定電話にも連絡することができます。掛ける国によって料金は異なりますが、固定電話の場合は大体1分/2円、携帯電話だと1分/12円、日本の携帯電話を海外で使うよりも大分安いはず。私は万が一のために1000円ぐらい入れていますが、それで十分です! 例えば、ホテルに電話して遅れることを伝えないといけない、緊急事態で日本の固定電話に電話しないといけない、何かがあった時に通話料金などを気にせずwi-fiだけでも電話ができる体制を整えておくと安心です。

Wi-fiカメラ
wi-fiに繋げられるカメラがオススメ!

私たちは旅行先でCanonの5DとPanasonicのLumix GH4を主に使っていますが、両方ともwi-fiに繋げて専用アプリでスマホに画像をその場で落とせる機能があります。最近は、コンパクトカメラでもwi-fi機能が付いているものが多いと思いますが、旅を記録するのにもこの機能が入っているものがオススメです! 移動中にSNSに載せたり、リアルタイムで家族や友達に写真を共有する時にも便利です。もちろん、スマホで写真を撮ってしまえば必要ありませんが、せっかくの横断ですから是非カメラで写真を撮ってください! いくら最近のスマホのカメラがいいといっても、リアルなカメラには敵いません! 私が最近インスタに載せている写真は、ほとんどカメラで撮っているものです。加工する時にもカメラで撮った写真のほうが綺麗に仕上がります!

運転Tips

アメリカ横断で経験した
クルマに関する
情報をシェア。

アメリカは制限速度が高い!

アメリカの制限速度は日本より高めに設定されています。日本の感覚で50kmぐらいで走っていると、バンバン追い抜かれていくのでおかしいなと思うと、制限速度65マイル（104km）だったということもあります。テキサスなどには、制限速度が時速85マイル（約137キロ）の道もあります。

スピード違反の取り締まりは厳しい!

制限速度が高いからといって、調子に乗ってスピードを出し過ぎてはいけません。数マイルのオーバーで取り締まられることもあるとか。

パトカーにご注意あれ!

高速道路の中央分離帯や橋脚にパトカーが停まっていることがあります。車内からスピードガンで速度を計測していることもあるので、速度を充分に落とすようにして下さい。

アメリカは頻繁に制限速度が変わる

高速道路の合流地点では、75マイルから65マイル…田舎道で街に差しかかった時は65マイルから45マイル…街中で学校が近くになるところは、45マイルから25マイル…など、細かく制限速度が指定されています。速度の変わってすぐのところにパトカーが潜んでいたりします。制限速度の標識をよく注意をして走って下さい。

州によってパトカーのデザインが変わる

それぞれの州でオリジナルのデザインとなっています。アメリカのパトカーって、なんだかカッコ良くないですか？ 個人的には、シボレーのカプリスやフォードのクラウンビクトリアなど、一世代前のパトカーが好きです。（お世話にはなりたくないですが）州ごとのデザインを憶えておくと、潜んでいるパトカーを察知しやすいのでオススメです。ちなみに、ニューオリンズのタクシーが、パトカーのデザインそっくりで紛らわしかったです。

もしパトカーに停められたら…

パトカーが後ろに付いて、パトランプを点灯したら、停止を命じる合図です。日本のように、スピーカーでアナウンスはされないので、後ろでピカピカしたら路肩に停めて下さい。路肩に停めたら、警察官が来るまで車内で待ちましょう。警察官がなかなか来ないからといって、車の外に出てはいません。出ていくと不審に思われて銃を向けられてしまうかもしれません。警察官が来たら、銃などを持っていないことを示すため、両手をハンドルに置いて、警察官の指示を待ちましょう。夜はものすごく明るい懐中電灯で照らされるので、けっこうビビります。（経験者?）そうならないためにも、速度はしっかりと守りましょうね!

日本にはないHOVレーン

高速道路にHOV（High-Occupancy Vehicles）レーンと呼ばれる、ひし形のマークが表示されているレーンがあります。このレーンは、一台の車に標識に書かれている人数以上が乗っている車が通れるレーンです。渋滞を緩和するために作られたもので、主に都市部の高速道路にあり、もし違反すれば高額な罰金が課せられるのでご注意ください。

日本にはないスクールバスのルール

スクールバスのライトが点滅していたり、ストップサインを出して停止しているバスに対しては、最低25フィート（約7m）離れた場所で停車して待つことが義務付けられています。複数の車線がある場所でも全ての車が停車すること。中央分離帯のある道路以外は、反対車線でも停止すること。日本にはないルールですよね。けっこう厳しいので、絶対に守って下さいね。

長距離はクルーズコントロールがオススメ!

どこまで続くような一直線の道を運転していると、足首や膝などが疲れてしまいます。そこで便利なのが、アクセルを踏まなくても速度を一定に保ってくれる「クルーズコントロール機能」です。日本では使ったことはありませんが、アメリカの長距離ドライブでは、この機能は必需品です。速度を制限速度内に設定しておけば、うっかりスピードをオーバーしてしまうことも防げますので、ぜひ使ってみてください。

夜のドライブはメーターの光を落として

アメリカの郊外の道は、高速道路ですら街灯がありません。ヘッドライトが照らす明かりと、それに反射する車線を示すライン、そして月明かりが頼りです。そんな暗い中では、車のスピードメーターの表示がやけに眩しく感じられてしまいます。目も疲れるし、なにより前方が見にくいです。多くのクルマには、スピードメーターの表示を暗くできる減光機能が備わっていますので、活用すると疲れも軽減されるはずです。

長距離ドライブのお伴

● コーヒー　　　● エナジードリンク　● ガム
● ビーフジャーキー　● ひまわりの種　　● 懐メロ

ビーフジャーキーとひまわりの種は、ガソリンスタンドで必ず売っています。今回の横断に、昔使っていたiPodを持っていきました。当時持っていたCDが全部詰まっているので、青春時代に聴いていた懐かしい曲で眠気覚ましの熱唱。また、借りたレンタカーには、ネットラジオが備わっていて、その中は、年代別やジャンル、有名アーティストごとのチャンネルがあるので、聴いていました。

アメリカ流の歩行者優先

信号のない場所などで歩行者が道路を渡りたそうにしていたら、停まって渡らせてあげるのがアメリカ流です。日本だと、クルマが途切れるのを見計らって歩行者が道路を渡るイメージですが…。自分が歩行者の場合、道路の端などで立っているとクルマは停まってくれます。その時は会釈や手を上げたりしてThank you! を伝えましょう。

個人の感想も
含まれますし、情報も
現時点のものなので、
実際に横断する際には
ご自身でお調べ下さい。

Travel Items

横断アイテム

便利グッズ その他

ヘッドフォン

G-SHOCK
Bluetoothでスマホと連動でき、時差調整が簡単にできる。

日焼け止め
アメリカにはSPF70や100などがあるので現地で調達。肌が繊細な方には少し刺激が強いかもですが、私は大丈夫でした☆

フェイスパック
日差しが強いので、保湿ケアが大事！ほぼ毎晩パックをしてました。「LunLun」の7枚パックを4セット。

温泉の素
日本のお風呂が恋しくなった時の入浴剤！ただ、バスタブがない宿も多いので、沢山はいらない。

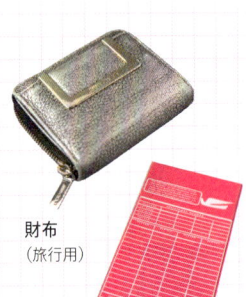

財布
（旅行用）

チケットホルダー
リアル財布は持って行きません。日本の空港で使う現金は薄くて邪魔にならないチケットホルダーに。領収書もここで保管できて便利

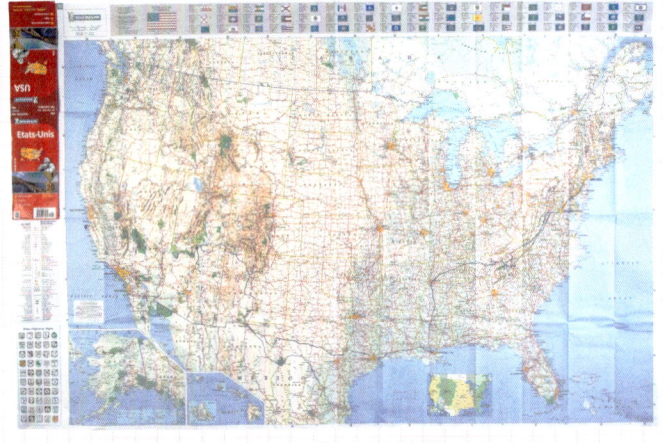

ミュシュラン社のアメリカ全図

ポーチ
何かと役に立った。

モバイル・バッテリー
チークのコンパクトに見せかけてて可愛い！

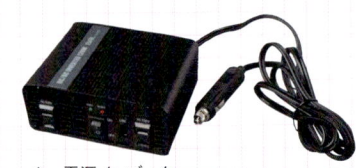

カー電源インバーター

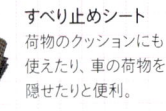

すべり止めシート
荷物のクッションにも使えたり、車の荷物を隠せたりと便利。

その他：
小さなはさみ
洗剤
（小分けの洗剤がなかなか見つからなくて大変でした。）
出汁・乾燥スープ
（日本食が恋しくなった時の必需品。）
折りたたみダッフルバッグ
（宿が毎日のように変わるので、泊りに必要なものだけダッフルバッグに詰め直せば、スーツケースを運ばなくてすむ。お土産など旅行で増えたものを持ち帰る時にも必須！）

USB電球
クルマの中でも宿でも！アメリカのホテルは暗いので、あると便利！

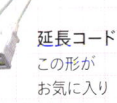

延長コード
この形がお気に入り

外付け
ポータブル・ハードディスク

一眼レフカメラ
「Canon 5D Mark IV」
メインで使用。
オートフォーカスの性能が良い。

「Go Pro HERO 5」

その他の撮影機材一式
（一眼レフカメラ×2、コンパクトカメラ、各種レンズ、
マイク、予備バッテリー×4、バッテリーチャージャー×2、
レンズフィルター、水中撮影用ケース、ブロイラー）

三 脚

スタビライザー（三脚）
「GLIDECAM」
手振れのない映像を
撮るのに必要。

ミニ三脚＆クリップ

布テープ
何かと使える頼れる存在

ドローン DJI MAVIC PRO

Fashion

横断ファッション紹介

海外旅行で着るものと、日本にいる時に着るものって違いますよね？アメリカは特に普段着ないような少し派手めなもの、露出が多めなものも堂々と着られちゃいます☆。アメリカで着たいようなものが日本ではあまり売ってなかったりするので、私は現地で調達しちゃうことが多いです。日本では着ないだろうな～と思うものにそんなにお金も掛けたくない

ので、オススメなのは「Ross」や「TJ Maxx」などのディスカウントストア☆。あまりおしゃれじゃないもの、サイズが大きすぎるものの中には意外と掘り出し物が隠れています。特に夏場のサマードレスなどはカラフルで写真映えするものが多いです♪。あと、海外はカラフルな場所が多いので、白を多めに持っていくのがオススメ☆

Clothing ちか

セットでも
バラでも着れて便利

ロングスリーブで日焼け防止に！
薄いから充分涼しい☆
グランドサークルの観光におすすめ！

ボヘミアントップス

白いTシャツ+デニム

白いセットアップ

デニムショーツ

ワンピース

マキシムドレス

ちょっといいお店でも
着れるカーディガン

部屋のエアコンが強いことが多いので、
ロングパンツの上下がおすすめ。
薄手のスエットシャツも

窓からの日差しが
強いので
パンツがおすすめ

カーディガン

サンドレス

ノースリーブ

パジャマ

車移動で
履きやすいズボン

ロングスリーブ

エクササイズウェア

水着類

パーカー

フリース

168

Clothing

おさるさん

Tシャツ
（NASAで購入）

Tシャツ

Tシャツ

1ヶ月ということで色々と
持って行きましたが、
結局着るのは
着心地の良いものでした。

長袖シャツ

パーカー

ストレッチが効いているので
長時間運転していても楽ちん！
丈夫でハイキングなどでも大活躍。
後半ずっと履いていました。

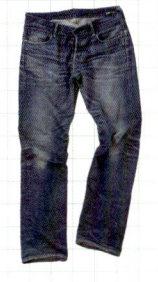
Gパン

アウトドア・パンツ

Accessories

サングラス
（現地購入品☆）

カウボーイハット
（ちか用）

キャップ
（おさるさん用）

サングラス
（ドライブ用）

ブレスレット
（現地購入）

白いTシャツなどに
合わせられる
ロングネックレス

大きいピアス

Shoes

モカシン

ウェスタンブーツ
（ナッシュビルで調達）

綺麗なスニーカーは
都会でしか履けないので、
汚れても良いものも
持って行きましょう！

Airbnbに
泊まる場合は必須！

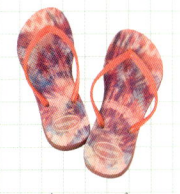
ビーチサンダル

スニーカー

スニーカー
（ヘビロテ）

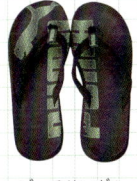
ビーチサンダル
（おさるさん用）

スリッパ

ちか友から横断に関して寄せられた質問の回答をまとめてみました。
皆さんの旅の参考になれば幸いです。

---

chichi 💚🤍🤍🤍 2017年9月2日
返信先: @chika_english さん
横断中いろんな物を食べられてましたが、これ最高！忘れられない〜！TOP3を教えてください 😌

❶ ナッシュビルのサーモンベーグル！（おさる）
❷ メンフィスのチキン！（ちか）
❸ パンダエキスプレス！
美味しさでのTOPではないですけど、お世話になったお店No.1！アメリカン・チャイニーズのファストフード店なのですが、どこにでもあってクイックでそこそこいけます！アジアン料理が恋しくなった時は、ここかフォー屋さんを探してhomesickな胃を満たしてました！

Yuki-sy 2017年9月2日
返信先: @chika_english さん
ちかちゃん＆お猿さん
横断本当にお疲れ様でした 😌 ✨
一緒に旅してる気分で楽しませてもらいました ❤️ ✨
質問です！『日本からこれを持っていけばよかった🤭』というものはありますか？
旅慣れされているので、忘れ物などはない気もしますが… 🙂
よろしくお願いします♡

旅慣れしていると、パスポートと財布（私たちの場合はパソコンとカメラ）さえあれば、どうにかなると思ってしまい、余計に忘れ物をしちゃう気がします w。旅に一番大事なのは、忘れてもサバイバルできる強さ！持っていくと便利なものは沢山ありますが（166ページの「横断のアイテム」をご参考に！）、なくても大丈夫！と思えるぐらいになると楽になります！←アドバイスになってない！

---

mikibrand 2017年9月2日
返信先: @chika_english さん
横断お疲れさまでした！とても楽しい秀逸な企画でこちらも英語の勉強と旅行を一緒に楽しめています！
ところで質問です。ちかさんとおさるさん仲が良くて微笑ましいですが、旅行中、小さなケンカがあるとしたらどんな事でケンカになりますか？ぜひ教えてください！

実は私たち、海外にいる時のほうが仲が良いんです w。旅好きだから二人とも生き生きとしてて。でも、強いて言えばアンテロープキャニオンの受付の女性があまりにも対応が悪く私がイライラしていたら、おさるさんが私以上に怒ってしまい、もうこんなツアー行かない！と言い出し…怒りが収まらないおさるさんに私は参ってしまい泣き出すという…訳の分からないドラマがありました。お互いに怒っていた訳ではないのに、行きのトラックの中では無言で二人とも超不機嫌 w。少し時間が経つと二人とも冷静になって謝り合います。ほとんどのケンカは双方に反省点があるので、一人が謝るというよりは、お互い自分のこれが悪かったなあ〜と認めることが大切なのかと思います。そうすると、そんなことないよ、私が（俺が）悪かったよ〜となり仲直りもスムーズ！

りょん 2017年9月2日
返信先: @chika_english さん
横断お疲れ様でした✨ほぼ毎日投稿大変だったと思いますがいつも楽しく見させていただきました 😆😆😆
質問ですが、横断していてちかさん、お猿さんが1番治安がいいと感じた街はどこでしたか？逆に悪かったところも教えていただけると嬉しいです！

メジャーな都市や観光スポットが多かったのもあり、怖い！と感じる場所は意外と少なかったですが、唯一ちょっとドキドキしたのは、テネシー州のメンフィス。バイカーが集まるダウンタウン以外は静かであまり活気がなく、一人では歩きたくない感じでした。バイカー祭りでお会いしたおじさんたちも、「今日はみんながいるから大丈夫だけど、普段は危ないからね。先週末も乱射事件があったよ」と言ってました。色々なニュースサイトが毎年治安が悪い都市のランキングを出していますが、基本的にメンフィスは5位以内にランクインしちゃっています（汗）。

kunimititushin 2017年9月2日
返信先：@chika_englishさん
チカさん、今回の横断で旅行本とか出さないんですか？

> 出しちゃいました！ 笑 。この旅が本になるなんて、本当に本当に嬉しいです！

アンママ 2017年9月2日
返信先：@chika_englishさん
横断中に、こまったことは？
おさるさんの英語力は、どれぐらい上達した？

> 頻繁に出てくるシチュエーションの対応力はかなり上がりました！ ガソリンスタンド、スターバックス、レストランでのオーダーは問題なくできます！ 改めて、何度も繰り返して、フレーズを身につける大切さを実感しました。フリートークは、語彙力を鍛えたり日々のトレーニングやアウトプットが必要だと思いますが、リスニングは触れることによって少しずつ耳が慣れて聞き取れるようになっていた気がします！ 今回は観光が主な目的でしたが、次回はおさるさんの英語力アップを目的とした旅を考えています！（ね、おさるさん！）

KANA TOJI 2017年9月2日
返信先：@chika_englishさん
いつもハッピーな動画をありがとうございます♥アメリカ横断中に何か体調不良などはありました❓（発熱や怪我など）旅をするにあたり絶対にこれを入れておけばいいと思う薬や医療品があれば教えてください(o^ – ^o)

> 私もおさるさんも横断中に体調不良になることはなかったです！ アメリカの食べ物は特に脂っこく量も多いので、数日に1回は「dinner salad」を食べるようにして胃のクレンジングを心がけていました。もしお腹が痛くなったらアメリカの薬局で売っている Tums がおすすめです！ そんな体が強い私たちですが、頭痛や生理痛用に痛み止めを持っていっています。アメリカの痛み止めは強いので、特に敏感な方は日本から持っていくといいかもです！ アメリカで買う場合、私は、箱に記載されている容量の半分にしています。体の大きさが違いますからね！ あとは、時差ボケ用に眠気覚ましと睡眠導入剤も持っていきます。飛行機での睡眠でなるべく調整はしますが、仕事で行くことが多いのでゆっくりできない時用に just in case!

(*´ω`*) 2017年9月2日
返信先：@chika_englishさん
ちかさん🐱＆おさるさん🐵
おかえりなさいませ👏
US横断中沢山の写真、動画を撮影されたかと思いますがどれくらいSDカードの容量を使用したか教えていただきたいです❗
（○GB×○枚など...）
明日の生配信楽しみにしてます☺♥

> SDカードは、基本的に128GB〜256GBのものを6枚近く持っていきます。それをポータブルハードディスクに移すのですが、ハードディスクは重たいので日本から1つ持っていき、あとは現地の Best Buy（ビックカメラのような electronics store）で調達。アメリカの方が安いからお得という理由もあって！ 最終的に5テラ（5000GB）以上のデータがあったかと思います！

WAKANA 2017年9月2日
返信先：@chika_englishさん
ズバリ、アメリカ横断の費用は総額いくらくらいかかりましたか？車の渡航費やレンタル料や宿泊費など大体でいいので知りたいです。いつか旦那さんと行きたいねと話していたのでお金貯めなきゃ💰と思いまして🙇

> ざっくりですが、だいたい全部で180万円〜200万円ぐらいです。航空券（二人）：40万円、レンタカー：30日間+乗り捨て 40万円、ガソリン：1日／3500円=10万円、宿泊費1泊／1万〜2万円=50万円、食費：1日／1万円=30万円、アクティビティ：10万円、（動画では漏れていましたが）駐車場：2000円×15日=3万円、高速代：アメリカは、高速が無料のところが多いので大してかかりません！ 買い物：20万円。動画では、これら以外の質問にも答えているのぜひご覧ください☆ ➡ **#612** https://youtu.be/M4EPG13sl2A

ちか友への メッセージ

今回の横断で立ち寄ったスポットは、ちか友のみなさんからオススメいただいた場所がいくつもあります。出発前にルートを公開し、おすすめスポットを募集したら、多くの方がとても丁寧に現地情報をシェアしてくれました！ワシントンD.C.の豪快なカニのレストランも、メンフィスの激ウマフライドチキンも、絶景のホワイトサンズも、ちか友のおすすめスポットでした。情報をシェアしてくださったみなさん、本当にありがとうございました！

残念ながら今回行けなかったところも沢山ありました。一部は各都市の「行きたかった場所」でシェアさせていただいております。

毎日横断動画を見てくださったみなさん、毎回コメントを残してくださったみなさん、そして横断中にばったりお会いしたちか友のみなさん、長い旅にお付き合いいただきありがとうございました！動画以外にインスタグラムやツイッターなどでもみなさんと毎日交流をしていたので、本当に一緒に旅をしていた気分でした。

ネットが繋がらず動画をアップできなかった日も、ツイッターで温かくフォローしてくれたり、突然のライブ配信にも参加してくれたり、サンタモニカピアでゴールインした時も日本は昼間にも関わらず一緒にはしゃいでくれたり、ありがとうございました！アメリカの総集編を見て涙が出ましたという嬉しすぎるメッセージもありました (T^T)。こんな温かいちか友のみなさんのおかげで、私はこれまで動画を作り続けてこられました。A huge thanks from the bottom of my heart!!

カンナムスタイルのパロディから結婚式の動画、ちか旅シリーズが始まったトルコの旅行から今回の横断の旅まで、この7年間、沢山のことをみなさんとシェアさせていただきました。これからも色々な形でみなさんと楽しい思い出を作っていけたらと思っています (^-^)。どうぞ末長くよろしくお願いいたします！

あとがき

One's destination is never a place,
but always a new way of seeing things. —— *Henry Miller.*

旅先は単なる場所ではなく、新たな視点である。

素晴らしい絶景、ユニークな宿、美味しい食べ物、旅の思い出は様々ですが、その体験が気づかせてくれる人の温かさ、世界の広さ、自分の小ささ。それが旅の本当の魅力だと思います。

モニュメントバレーを一望できる Teardrop Arch では、自分の存在の小ささを感じる一方、可能性は無限大だと、胸がワクワクしたのを覚えています。オースティンの狭い (けど愛情がこもった) 手作りのキャンピングカーでは、生き方・働き方の幅広さを感じ、ナッシュビルのベーグル屋さんでは、おしゃれなプレゼンテーションに新しいアイディアがじわじわと浮かんできたり。行くところ行くところ、普段の慣れた生活では感じられない刺激がありました。

でも、昔からこんなに旅好きだった訳ではありません。動画を始めてから、自分の体験をシェアすることによって、誰かにとっての刺激やきっかけ、一歩踏み出すエネルギーになることに嬉しさを感じ、みんなとシェアしたい! という思いがどんどん強くなったんです。自分一人だったらやらないことにチャレンジできるようになったのも皆さんのお陰です!「好きなことで生きて行く」のは、楽しいことばかりではないですがw、みなさんからのコメントやメッセージを読むたびに、この道を選んで本当によかったと心から思います。

そしてまさか！私たちのこの旅が本になるとは。数年前に初めて出版させてい
ただいた時の編集者の大森さん（ちか友です☆）が横断動画を見て出版を提
案してくださりました。本という形でこの貴重な思い出を記録できたのはもちろ
んのこと、大森さんと再びお仕事ができてとても嬉しかったです。そんな、大森
さんを始め、徹夜続きでこの本を仕上げてくださったデザイナーの熊澤さん、村
奈さん、イベントなどを手配してくださったみなさん、私の細かなこだわりを一つ
一つ丁寧に形にしてくださって、本当にありがとうございました！

そして、last but no least! 私の突拍子も無い行動をいつも全力で応援してく
れるおさるさん。プライベートでは一緒に思い出を作り、仕事では一緒に作品を
作る。周りからすると異常なぐらい一緒にいますがw、私にとっては自分の全て
を共有できる最高のパートナー！おさるさん、いつも本当にありがとう。これから
も沢山の思い出と作品を作っていこうね♡ そして、またいつかこの本を持っても
う一度横断しよう！今度は家族で?!

2018年2月

吉 田 ち か

おさるさんのあとがき

書籍を作るにあたって、自分たちが訪れた場所や通ったルートを改めて調べて
みました。すると、旅に行く前に知っておきたかった発見がたくさんありました。
できることならこの本を片手に、もう一度横断したいぐらいです。ぜひ、皆さん
の横断が、アメリカのドライブが、より充実したものになればと思います！

● ちかへ
　どこまでも続く真っ直ぐな一本道、
　ワイパーも意味をなさない土砂降りの山道、
　先が右か左かも分からない夜道、
　どんな道も、二人で走ってきたから、乗り越えることができた。
　夢に付き合ってくれてありがとうね。
　そして、これからも同じ道を、同じ方向を向いて進んで行こうね。

著者プロフィール

吉田ちか Chika Yoshida

小学校1年生時に父親の仕事の関係でアメリカの ワシントン州に渡米し、シアトル郊外のアナコーテス で育つ。高校卒業後、大学入学のためにシアトル に引っ越し、ワシントン大学で経営・アントレプレナ ーシップ、マーケティングなどを学ぶ。大学卒業後、 16年ぶりに帰国し、東京の大手コンサルティング会 社に就職。

コンサルタント業務を担当するうちに周囲の英語へ の苦手意識に気づき、2011年よりYouTubeで英 会話動画を投稿し、現在の『バイリンガール英会 話』を始める。13年、6年間勤めていた会社を辞め、 動画クリエイター一本で活動することを決意。2015 年に同じくクリエイティブ系の仕事をしている夫と結 婚。現在は2人でコンテンツ作りに取り組む。

『バイリンガール英会話』は、現在700本近くのバラ エティ豊富なコンテンツが配信され、17年にチャン ネル登録者が100万人を超える。自らの旅をシェ アする「ちか旅」シリーズ、モーニングルーティンなど を紹介するライフスタイル動画、洋楽などで楽しく英 語に触れられるエンタメよりのレッスンなど、英会話 を学ぶというよりは楽しく観ながら自然に英会話に 親しめるような動画を配信中。著書に『YouTubeと マンガでso much fun! バイリンガール英会話』 『ネイティブ英語なんて必要ない! フレーズばかり暗 記しても、あなたが英語を話せないワケ』(共に KADOKAWA刊)がある。

人生で一度はやってみたいアメリカ横断の旅

バイリンガールちかの旅ログ

2018年3月17日 初版第1刷発行

著　　　者　吉田ちか
発　行　者　岩野裕一
発　行　所　株式会社実業之日本社
　　　　　　〒153-0044 東京都目黒区大橋1-5-1
　　　　　　クロスエアタワー8階
　　　　　　電話　03-6809-0452（編集部）
　　　　　　　　　03-6809-0495（販売部）
　　　　　　URL　http://www.j-n.co.jp/

ブックデザイン　熊澤正人＋村奈諒佳 (Powerhouse)
撮　　影　ちか＆おさるさん（旅写真）、SUGIZO.（ファッション＆グッズ）
印刷・製本　大日本印刷株式会社
編　　集　大森春樹

Special thanks to my wonderful Chikatomos and to
my amazing friends Chloe, Thanh, Rowan, & Madoka!

ISBN978-4-408-42082-0 (編集本部)
© Chika Yoshida 2018　Printed in Japan